腸をキレイにする「新・おやつ習慣」

パレオスナックダイエット

PALEO
SNACK DIET

パレオダイエット研究家 **熊谷ナオ**

CCCメディアハウス

Introduction

MEET THE AUTHOR

原始的食事法のパレオダイエットから生まれた いいことづくしの「新・おやつ習慣」

まずはじめに、今こうしてこの本を手に取っていただいた出会いに感謝いたします。ありがとうございます！

本書でご紹介する「パレオスナックダイエット」は、旧石器時代の食生活をお手本に自然の食べ物だけを摂取する「パレオダイエット」の考え方に基づいて、それをより手軽におやつから始めることができればと考えた、食べてこそ効果の出るダイエット方法です。

8年前にパレオダイエットに出会う前の私は、栄養に無頓着で、パンやパスタ、ラーメンなど好きな物を食べ、そしてコンビニのお菓子が大好きで毎日やめられない程食べる、といった食生活をしていました。運動はせず、肥満体型まではいきませんが、筋肉が少なくメリハリのない体、精神的にも自信がなく、常に理由のない不安と虚無感があったのを覚えています。

ところが、「とりあえず30日間だけ」とパレオダイエットを始めたところ、まず2週間くらいでお通じが改善していることを実感しました。便秘症だったので、それだけでも気分が晴れていきました。

そして30日を過ぎた頃に、見た目の変化が徐々に表れ始めます。悩まされていた吹き出物はなくなり、肌にハリが戻りました。ファンデーショ

脂肪の割合が多い、メリハリの少ない体

腹筋にタテ線が入り、筋肉がついて引き締まった体

ンは特別なことがない限り、今では塗っていません。それから60日、90日と徐々に延長していくうちに、髪や爪のツヤまで改善し、体脂肪は10％減。食べる量を我慢せず、しっかりと食べていたのでこれはさすがに驚きました。そしてこの8年間、風邪をひくこともなくなりました。

私のパレオナイズされた脳が、常に食べる量やお腹の空き具合、何を食べるか、何をすべきかなど、全てを正常な方向へと導いてくれるようになったのです。

いくつもの嬉しい変化が表れ、私の体の中にあった開花を待ち望むたくさんの花の蕾《つぼみ》が1つずつ開きだしたような感覚でした。私はそれを、誰もが本来持つ原始的な美の要素だと思っています。

これからご紹介していく「パレオスナックダイエット」は、そんなパレオダイエットを、簡単に実践しやすい「おやつ」から徐々に生活に取り入れられたら、と思い考案したものです。余分な脂肪の少ない引き締まった体と健全なメンタル、そして毎日の原動力や気力となるエネルギーを取り戻し、内側からにじみ出る本当の美しさを手に入れるまでの素晴らしい経験を、ぜひ楽しんでくださいね！

Contents

Chapter3 Paleo Snack and Sweets Recipes

パレオスナック&スイーツのレシピ

Chapter4

Paleo Dumbbell Workout

1日10分ダンベルワークアウト

Chapter 1

Quick Start Guide

パレオスナックダイエットとは?

ダイエットにおやつはタブーだと思っていませんか？
たしかに砂糖や悪い油から作られたおやつはNGです。
しかし本書で紹介するのは、食物繊維や栄養素が
たっぷり入った「パレオスナック」。美味しく食べながら
グラマラスボディを手に入れる最強のダイエットです！

おやつを味方につける!
ヘルシー　パレオスナッキング

「ダイエット宣言をして、3日目には空腹を我慢しきれず暴食をしてしまった」または、「少しは続いたものの、すぐにリバウンドしてしまった」という経験のある人は少なくないのではないでしょうか。

我慢するダイエットがリバウンドを生むというのは当然のこと。なぜなら極度な空腹状態はダイエットの大敵だからです!

極度な空腹状態になると、「食べなければ死んでしまうよ!」と脳が飢餓状態の反応を示します。飢餓を察知した脳は、自然と体にエネルギー源を溜め込まなければと、暴食を促し、さらにはお腹が空いていればいるほどいつも以上に吸収して、脂肪として蓄えてしまいます。

そんなときにパレオスナックが強い味方となります!

パレオスナックは、暴食を引き起こす極度な空腹を防ぐだけでなく、食物繊維豊富で、腸をキレイにする食材を積極的に取り入れるので、ダイエットに欠かせない腸内環境を整え、美肌やアンチエイジング効果にもダイレクトに繋がります。

パレオスナックは、毎日食べたいおやつサプリ

また、美容効果だけでなく、食事で不足しがちな栄養素を補ったり、加工されていない食材のみだから味わえる満腹感、満足感を感じながら、太る原因、疲れの原因を改善し、ストレスのない健康的な体質を作り上げます。

もしジャンクなお菓子がやめられない、という人がいるならば、それは加工食品のトラップにどっぷりハマっている可能性があります。

実は満腹と空腹の状態は、ホルモンによってコントロールされています。食事でお腹いっぱいになると、レプチンという満腹ホルモンが作用し、逆にお腹が空くとグレリンという空腹ホルモンが作用します。この働きが行き来してお腹いっぱいになったりお腹が空いたりを繰り返しているわけですが、残念なことにこの働きは体脂肪の多い人ほど悪く、満腹感を感じられなくなってしまいます。また睡眠不足やストレス、加工食品などが原因で、本来の感覚が麻痺し、脳が上手にホルモンの信号を伝達できなくなってしまっている人も少なくありません。

そんな現代人にとってパレオスナッキングは、麻痺してしまった空腹と満腹の感覚を改善し、生活習慣を見直す良いきっかけになることでしょう。

パレオスナッキングの前に知っておくべき
パレオダイエットの**基礎知識**

パレオスナックダイエットの説明に入る前に、みなさんには、その根本的な考え方である「パレオダイエット」について知っておいていただく必要があります。

先にも書きましたが、パレオダイエットの基本は原始的で自然な食べ物だけを摂取するというものです。ところが、ご存じの通り現代の食生活は自然な食べ物から遠ざかってしまっています。レトルトや冷凍などの加工食品、スナック菓子などのジャンクフードを当たり前のように毎日食べていませんか？

パレオダイエットでは、狩猟採集の方法で自然にあるものだけを食べていた農耕革命前の旧石器時代がお手本です。約２５０万年続いたこの時代にはほとんど肥満や生活習慣病はなかったとされています。それに比べて現代の食事法の歴史は１万年。さらにこの１００～２００年で無数の食品添加物が生まれました。その短い歴史の中で現代病と呼ばれる様々な病気や不調が蔓延してきたのです。

自然の摂理から考えても、人間本来の野性的な暮らしならば、ベストな体型とストレスのない健康状態が保てるはずです。それが自然の法則からかけ離れた生活習慣により、ズレが生じてきたと言えるでしょう。

（右）欧米では書店にコーナーができるほど、パレオは大人気！（中）ニューヨークタイムズ紙のベストセラーとなったRobb Wolf著『The Paleo Solution』（左）定期刊行の雑誌「PALEO MAGAZINE」

そしてパレオダイエットは、食事だけでなく、睡眠や運動などの生活習慣全てをより野性的で自然なスタイルへと導き、本来あなたが持っている健康な体、ナチュラルな感情、自然体の美を引き出すことができる全ての体調改善に効果的なダイエット方法です。

ここで言うダイエットとは、ただやせるということではありません。食べることは自分に栄養を与えるということ。栄養は体と心を作るだけでなく、それは美になり、魅力になり、さらには強さにもなります。さらにその栄養を吸収し、代謝することで理想の体や心、健康を手に入れるということが、真のダイエットの目的です。

「パレオ」＝旧石器時代のこと

「ダイエット」＝あなたにとってベストな体型と体調を目指し、健康的に美しくなる手段、方法ということ

本書では、このダイエットの手段としてパレオスナックを取り入れた方法をご紹介していきます。

パレオスナックダイエットで
健康美が手に入る理由

腸をキレイにする食材が豊富

ナッツ類や野菜、果物をはじめ、食物繊維や便秘解消に役立つ食材が豊富に含まれています。腸内環境を整えることは病気の予防にも繋がります。快便を促す腸育パレオスナックは、健康的なダイエット成功の鍵です。※ P28 ～ 31 参照。

良質な脂肪で美肌とアンチエイジング

パレオスナックレシピで使用する基本の油は、アンチエイジングに欠かせないココナッツオイル。免疫力を高めたり、お肌や髪、指先まで全身を美しく保ちます。ナッツやアボカドなどパレオの代表的な脂肪も、細胞を美しく生まれ変わらせるのに不可欠です。※ P60 ～ 61 参照。

リアルフードが食べすぎを防ぐ

パレオスナックは、ダイエットの大敵である極度な空腹状態時に強い味方となり、暴食を防ぐと共に、満腹センサーを正常に保つ役割があります。自然なリアルフードだからこそ、自然な栄養を吸収して食生活の乱れで麻痺してしまった感覚を脳が取り戻します。※ P8 ～ 9 参照。

加工されていない食べ物で体調改善

食材はできる限りナチュラルで、安心安全な物を選びます。加工食品に含まれる小麦粉、乳製品、豆乳、白砂糖、加工油脂、化学物質や食品添加物など、ホルモンバランスの異常や、体に炎症を引き起こす物質から体を守ります。疲労やストレスなどの不調改善にも繋がります。※ P26 ～ 27、P32 ～ 33 参照。

不足しがちな栄養素を補える

卵や果物などを含むパレオスナックを賢く食事の合間に入れることで、現代人に不足しがちなタンパク質、ビタミン、ミネラルを豊富に摂取することができます。良質な栄養素が代謝に必要な筋肉を作ったり、お肌やあらゆる機能の状態を美しく保ってくれます。※ P58 ～ 64 参照。

心身の健康美を原始的な生活習慣で得る

パレオスナックダイエットではおやつのみならず、生活習慣自体をより自然に近い状態へ導いていくことでさらに効果を発揮します。狩猟採取の原始人をお手本とし、食事、睡眠、水分補給、自然体験、幸福、運動、この全てがテーマとなり、心身の健康美を手に入れます。※ P14 ～ 15、P40 ～ 51 参照。

パレオ式筋トレで代謝の良い体を作る

原始時代から変わらない、生きる上で必要な実用的運動を行い、丈夫な骨と筋肉のついた、食べても太りにくい代謝の良い体を作ります。筋肉量を効率的に増やすためのダンベルを使った筋トレで、美しい筋肉と、強い精神力を鍛えます。※ P96 ～ 119 参照。

パレオスナックダイエット

7つの基本ルール

RULE01 SNACKING 空腹を感じたらおやつで栄養補給

食べてから2～4時間でそのほとんどは消化し、徐々に空腹ホルモンが増していきます。空腹を感じたときや、次の食事まで5時間以上空いてしまう時は、パレオスナックを上手に取り入れてください。ドカ食いやジャンクフードに走る気持ちを抑え、賢く栄養補給ができます。

RULE02 EXERCISE 毎日最低10分は体を動かす時間に

歩く、ストレッチなどの軽い運動でも構いません。脳とメンタル面の健康、快適な毎日のためにも運動を心がけ、アクティブな日々を作りましょう。

RULE03 NUTRITION なるべくリアルフードを食べる

心と体が喜ぶ本物の食べ物を食べるように心がけましょう。パレオ食の基本は肉、魚介類、卵、野菜、果物、ナッツ＆種、ヘルシー油脂。おやつだけでも、1日1食だけでも良いのでできる範囲でトライしてみましょう。また、就寝前の食事は2時間以上前に終わらせて。

RULE04 SLEEP 毎日7〜9時間寝る

代謝と睡眠には深い繋がりがあり、睡眠は何よりも重要です。睡眠不足は肥満ややせない体の要因になり、病気を招きます。睡眠時間が7時間以下の人は7〜9時間睡眠をとる人より増える体重が2倍になるという研究もあります。快適な眠りのためにスマホなどのブルーライトを浴びるのは就寝1時間前までにしましょう。

RULE05 HYDRATE 目覚めはコップ1杯の水

レモン＆ヒマラヤンソルトウォーター（350mlの水にレモン半分を絞り、ヒマラヤンソルト小さじ1/4を混ぜる）がおすすめ。就寝中に排出された体の水分を補給すると共に、体に水分を温存させる効果があります。また腸を起こして排泄を促します。時間のない日はコップ1杯の水のみでもOK。日中の水分補給も忘れずに（※）。

RULE06 NATURE 太陽の光を浴びる

晴れの日は1日15分は太陽の光を浴びましょう。食事からではごくわずかしか摂れないビタミンDを補給します。ビタミンDが不足すると筋力の衰えやがん、糖尿病のリスクが上がります。また太陽を浴びると、幸福ホルモンと呼ばれるセロトニンが分泌されるので、ポジティブな毎日に繋がります。

RULE07 WELL BEING デジタルデトックスタイムを楽しむ

デジタルデトックスとは、あらゆる電子機器から離れて自分と向き合う時間です。毎日10分でもいいので、瞑想、読書、日記などを静かな環境で行います。ストレスから解放されるこの大切な時間は、あなたに豊かな幸せを与えてくれるでしょう。

※1日の水分量は体重×22mlを目安に補給しましょう。

パレオスナックレシピで
使用する食材

P65からのパレオスナックのレシピで使用する主な食材たち。自然のエネルギーを蓄えた食材たちは、こんなにもたくさんの栄養素を含んでいるのです。

レモン

ビタミン C、ビタミン E を豊富に含み、免疫力アップの他、抗酸化作用で美肌、アンチエイジングに効果大。クエン酸の働きで疲労回復にも。

キウイ

ビタミン C、ビタミン E の抗酸化力で美を作る。豊富な食物繊維で腸育にも最適。ミネラル、βカロテン、カルシウムも含み、アクチニジンがタンパク質の分解、消化を助ける。

卵

栄養満点のスーパースター。良質のタンパク質で、必須アミノ酸が最高値レベルで含まれ、免疫力アップや病気予防に効果的。ビタミン B 群、カルシウム、レシチン、ほぼ全ての栄養素を含む。

アボカド

栄養バランスがよく、健康美に欠かせない不飽和脂肪酸、ビタミン E が豊富でアンチエイジング効果大。食物繊維が豊富で腸育にも。

バナナ

食物繊維の中でも腸内環境に有効なオリゴ糖を豊富に含む。生命維持のための豊富なビタミン B 群も含み、筋肉に欠かせないミネラルのカリウムが豊富。

りんご

食物繊維が豊富で腸内環境を整える。βカロテン、ポリフェノールが豊富で抗酸化作用、アンチエイジングに効果大。

いちご

ビタミン C が豊富で肌トラブルを防ぎ、美肌効果がある。鉄、葉酸も含み、貧血予防にも効果が。豊富なカリウムはむくみ防止にも。体を守る抗酸化物質も含む。

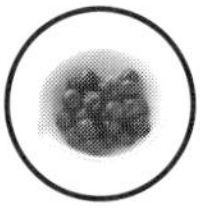

ブルーベリー

抗酸化物質、アントシアニンの効果で活性酸素から体を守り、疲労回復効果がある。食物繊維も豊富で腸内環境を整える効果も。

にんじん

抗酸化作用の高いβカロテン、食物繊維が豊富。

◆ カカオ

食物繊維のスーパースター。老化の原因になる活性酸素を抑える抗酸化物質のポリフェノールが豊富に含まれる。冷え性や心臓病の予防にも注目されている。

◆ ココナッツ

果肉には骨や歯の成分となるカリウム、リン、マグネシウムなどの豊富なミネラルが含まれ、pH バランスの保持に優れた効果も。

◆ はちみつ

整腸作用に優れ、ビタミン B 類、葉酸などのミネラルを含む。強い殺菌力は風邪予防などにも効果があり、血圧を下げる効果にも注目。

◆ デーツ

ドライフルーツのスーパースター。カリウムを豊富に含み、血圧の上昇を抑え、鉄分が貧血を予防する。食物繊維、マグネシウムの効果で宿便を促す効果も。

◆ ローズマリー

若返りのハーブと呼ばれ、脳を活性化させ老化を防ぐ。薬膳として催眠、鎮痛、抗アレルギーの作用にも注目される。

かぼちゃ

抗酸化作用の高いβカロテン、ビタミン C、E を含み、がん予防も。

さつまいも

食物繊維、ビタミン C、余分な塩分を排出するカリウムが豊富。便秘予防、腸育に欠かせない。

ズッキーニ

食物繊維、ビタミン B 群、βカロテン、カリウムが豊富。疲労回復やむくみ防止に効果大。

ケール

βカロテンをはじめ、ビタミン、ミネラルをバランスよく含み、特に抗酸化作用の高い栄養素が豊富。細胞の酸化を防ぐルテイン、カルシウム、食物繊維も保有している。

アーモンド、くるみ、カシューナッツ

オメガ３脂肪酸を豊富に含む、良質な脂肪。アンチエイジングに欠かせない抗酸化作用の高いビタミン E が豊富。食物繊維、カルシウム、鉄、亜鉛、葉酸なども豊富に含む。

粉類

- ◆ベーキングフラワー
- ◆アーモンドフラワー　◆寒天パウダー
- ◆ナッツパウダー　◆カカオパウダー

パレオベーキングフラワー（Bob's Red Mill）

オーガニックカカオパウダー（サンフードスーパーフーズ）

有機アーモンドパウダー（ALISHAN）

オイル

- ◆ココナッツオイル
- ◆ココナッツバター
- ◆オリーブオイル

オーガニック エキストラヴァージン ココナッツバター（アビオス https://pureshop.jp/product/coconuts butter）

オーガニック エクストラヴァージン セイロンココナッツオイル（ナチュラセンス https://natrasense.com/shop/）

ミルク

- ◆ココナッツミルク
- ◆アーモンドミルク(手作りP93)

甘味料

- ◆はちみつ
- ◆メープルシロップ
- ◆デーツなどのドライフルーツ

ココナツミルク（ユウキ食品）

プレミアムハニー（ネイキッドジャラ https://nakedjarrah.buyshop.jp）

有機なつめやし（デーツ）デグレット種（ALISHAN）

香料・その他

◆バニラエクストラクト
◆ベーキングパウダー
◆重曹　◆シーソルト

トッピング

◆ココナッツファイン　◆抹茶パウダー
◆カカオニブ　◆チョコレート（手作りP70）
◆チアシード　◆ゴジベリー（クコの実）　◆ハーブ
◆シナモン　◆ローズマリー　◆ごま

マダガスカル純正バニラエキス（Simply Organic）

有機ゴジベリー（クコの実）（ALISHAN）

アルミニウムフリーベーキングパウダー（風と光）

有機
カカオニブ
（ALISHAN）

食材が買えるお店

最近では全国的に自然食品・オーガニック志向のお店が増え、
デパートの地下や一般のスーパーマーケットでもたくさんのパレオ食材が買えますが、
下記は私も実際に利用しているおすすめのお店とネットショップです。

実店舗

◆ナチュラルハウス　◆自然食品F&F
◆こだわりや　◆ビオセボン　◆成城石井
◆カルディコーヒーファーム　◆KINOKUNIYA

ネットショップ

◆アイハーブ（https://jp.iherb.com/）
◆テング　ナチュラルフーズ
（https://store.alishan.jp/ja）
◆富澤商店（https://tomiz.com/）
その他Amazon、Rakuten、Yahoo! ショッピングなど

置き換え食材 早見表

普段何気なく口にしている小麦粉や砂糖、牛乳ですが、
パレオではより栄養価に優れ、ナチュラルな食材に置き換えています。
パレオスナックの効果を最大限に引き出しましょう！

通常の食材		パレオな食材
小麦粉	→	ココナッツ or アーモンドフラワーなど粉末状のナッツ
白砂糖	→	はちみつ or メープルシロップ or デーツなどのフルーツ
バター	→	ココナッツオイル or ココナッツバター or アボカド
牛乳、豆乳	→	アーモンドミルクなどナッツ or 種から作られたミルク
生クリーム	→	ナッツで作るクリーム (P75 参照)
バニラエッセンス	→	バニラエクストラクトなど、より天然に近いもの
ゼラチン	→	寒天
一般のベーキングパウダー	→	重曹 or アルミニウム不使用のベーキングパウダー (究極はベーキングパウダー使用なしがベター。本書に掲載のレシピは全てベーキングパウダーなしでも作れます)

Chapter 2

Let's Start Paleo!

パレオスナックダイエットの理論と実践

ここまででパレオスナックダイエットに関して、
ぼんやりとでも効果をイメージして
いただけたのではないでしょうか？
この章ではその裏付けとなるパレオスナックダイエットの
理論と、その具体的な実践方法を
お話ししていきたいと思います。

目指すのは、ナチュラルに輝く原始的美女

パレオスナックダイエットを通して私たちが目指すのは、原始的な美というもの。原始的美女とは、人間本来の美しさが自然と現れ、飾らなくても美しい理想の姿であるナチュラルビューティーの原点です。

原始的美女になる5つの要素

1 ヘルシー

しっかり食べて、健康的であることが原始的美女の第一条件です。食べ物や生活スタイルをより自然に近づけることで、あなたの本来の輝きが生成されます。

2 ラブ

何事もありがとうの気持ちを持って考え、行動してみましょう。自分へ、人へ、食べ物へ、あなたをとりまく全てのものへ。そこから生まれるゆとりと豊かな感情は、インナービューティーを生成します。

3 グラマラス

飾らないナチュラルな姿が一番美しい。
Nakedは究極のファッションです。

Glamourousとは魅力的であるということ。メンタル、フィジカルの両面に自信がつくことではじめて、あなたの個性的な魅力が輝き出します。自分にしかない魅力に自信を持ち、オンリーワンな美を手に入れましょう。

4 ワイルド

ストレスは美の大敵。ストレスフリーな状態を自発的に作るには、やりたいことをすぐやってみる、気になっていることを言葉にして言ってみるなど、常にポジティブで行動力のあるワイルドさを身につけましょう。

5 ストロング

「Strong is the New Skinny」（強く引き締まった体こそが、スマートな体型の新たな理想である）という言葉があります。程よく筋肉質な体は、かつての細ければいい時代を覆し、力強く生きるモチベーションへ繋がります。

時代は自然で原始的な方向へと徐々に戻りつつあり、そしてそれが究極の美の原点なのです。

02

あなたの心と体は食べた物でできている!

究極の美の原点、原始的美女。それは誰もが本来持っているあなただけの美しさです。それを呼び起こすには、口に入れるものこそが一番重要なポイントとなります。

当たり前ですが、牧草飼育牛がナチュラルで質が良いのは、ナチュラルな草を食べて育ったからです。私たち人間も、毎日食べる物で全てが作られます。それは頭のてっぺんから足の先までの肉体と、骨や血管、細胞そして心までも、あらゆる箇所があてはまります。

そして食べたその栄養を消化、吸収して、エネルギーに変え、毎日を過ごすことができるのです。だからこそ、その毎日が素晴らしいものかそうでないかは食べた物次第、というわけです。

パレオダイエットがお手本とする原始時代の人たちは、必要なものを必要なときに、必要なだけ食べながら、自然と共存して生活をしていました。人間の遺伝子はさほど変わっていないのに、カロリー計算やジム通いなど一切しなくても肥満とは無縁でダイエットなんて必要のない時代です。

それに比べて現代はどうでしょうか。あらゆる種類のダイエットが流行しても、肥満や様々な病気が蔓延してしまっています。この違いは何でしょう？　それは生活習慣全てにおける自然との距離です。つまり私たちは自然な食べ物から遠ざかってしまったのです。

現代にあって農耕の始まる前（パレオの時代）には食べていなかった代表的なものは、小麦などの穀物類、乳製品、そして加工食品です。その全てを食べてはいけないというわけではなく、最新の科学的なリサーチにも目を向けながら、自分に合う食材を選んでいき、歴史ある旧石器時代から良い部分を学んでいくことがパレオの考え方です。

次に食べる物を口に入れる前に一度じっくり見てみましょう。その食べ物があなたを作ります。それはあなたをキレイにしてくれるでしょうか？

この意識があるかないかが、ダイエットの成功を大きく左右していくのです。

03

パレオスナックが罪悪感をゼロにする

ジャンクフードを食べすぎて、罪悪感が押し寄せたことはありませんか？　罪悪感を感じるほど「体に悪そう」、「太る」といったネガティブなイメージがあるにもかかわらず、現代人がジャンクフードをやめられないのには、理由があります。

多くの加工食品に含まれている精製された白砂糖や粉、悪い加工油脂、化学物質である人工甘味料などの食品添加物は、体内に炎症を起こしたり、精神にまで影響を及ぼします。私たちの脳に、絶妙な量の砂糖で甘く幸せな感覚を味わわせ、質の悪い油をたっぷり使って脳に中毒性をもたらすのです。そして精製塩で記憶に残る印象的な味付けもトッピングされています。この中毒性のある加工によって、私たちの本来の感覚は麻痺し、鈍り、脳がこれを美味しいものだと勘違いすることで、また食べたくなってしまうのです。

また食欲まで狂わせるので、つい食べすぎてしまったかと思えば、またすぐに食べたくなったりと、脳の自然な信号が乱れてしまいます。おまけに腸内細菌は加工食品が一番の大敵ですから、腸内環境も荒らしな

パレオスナックは罪悪感の原因をゼロにします

☑白砂糖不使用　☑加工油脂不使用
☑化学調味料不使用　☑精製粉不使用

がら太る体質へと導きます。極めつけは、食べた分だけ体にしっかりと蓄積されてしまうということ。脂肪として溜まるだけでなく、様々な炎症を引き起こすので、自覚症状のない間に、糖尿病や動脈硬化といった深刻な生活習慣病の原因を作り出してしまうのです。

パレオスナックなら罪悪感の元となる原因全てをゼロにし、豊富な栄養素を与えます。正に最強のスナックと言えるのです。

私たちの体は原始時代からさほど進化していません。原始時代には当然、加工食品はなかったので、現代科学の最先端技術が生み出した食べ物に体が適応しないのは当然のことです。

私たちの食べ物の好みは、脳からの指令で決まっています。そしてその脳の思考もほとんど食べ物が作っていますから、あなたが意識的に食べる物を選べば、好みはいくらでも変えることができるのです。パレオスナックを脳に覚えさせることで、より豊かな思考と体を手に入れましょう。

04

腸内バランスを整えることが ダイエットの決め手！

ダイエットをしたい女性たちの中には、便秘にお悩みの方も多いのではないでしょうか。毎日お通じがあってもスッキリしない隠れ便秘の人も少なくないでしょう。

便秘には栄養不足や水分不足、体に合わない食べ物の摂取、さらには運動不足やストレス、ホルモンの乱れなど、実に様々な原因が考えられます。そんな悩みを解消するのに一番の近道は、腸内細菌と上手に付き合い、腸育（腸を育成）をすること。

腸は第二の脳と呼ばれ、私たちの健康状態について多くを語ってくれています。幸せホルモンのセロトニンもほぼこの腸の中でつくられていますから、心も体も健康なダイエットには腸内細菌のケアは欠かせないのです。

そもそも腸内細菌とは、私たちの腸の中に住んでいる星の数より多い微生物のこと。この微生物たちが「善玉菌」、「悪玉菌」、「日和見菌」、それぞれ必要な菌として生息していて、このバランスを整えてあげること

一番信頼すべきは、あなたの腸の状態です。腸が喜ぶ有効的な「腸育」を。

が腸を整え、その働きを活性化することになります。

そんな腸内細菌には、不要なものの消化を促して便秘を解消するだけでなく、重要な役割が2つあります。

1つ目は体に入ってくる有害な菌を退治し、体の免疫力となっていること。なんと体の免疫システムの75%はこの腸に住んでいるのです!

しかしストレスや生活習慣、食生活の乱れ、抗生物質の服用などが原因でバランスが崩れると、便秘や消化不良だけでなく、がんや生活習慣病といった重大な病気のリスクにも繋がってしまいます。

もう1つは、体に必要なビタミンB群、特に女性には欠かせないビオチンや葉酸などを合成しているということ。

免疫力やビタミンの合成は、美肌やアンチエイジングにダイレクトに繋がりますから、腸育を行って腸内環境を整えることが大切なのです。

次のページで詳しくご紹介しますが、パレオスナックは、食物繊維やオリゴ糖など、腸が喜ぶ環境をサポートする栄養源を豊富に含んでいます。美味しいおやつを食べながら、ベストな腸内環境を作りましょう。

05

腸をキレイにする パレオスナックの栄養源

腸内環境を整えることがいかに大事かがわかったところで、パレオスナックが含んでいる腸内細菌が喜ぶ栄養源について解説していきましょう。

POINT 01 食物繊維

野菜、いも類、果物、ナッツと種、海藻類に含まれる食物繊維は腸内細菌の一番の大好物。パレオスナックの材料ほぼ全てにこの食物繊維が豊富に含まれています。腸の健康そのものを改善するアントシアニンを含むカカオもおすすめ。食物繊維の摂取量は女性で1日30〜35gが理想です。

POINT 02 ビタミン、ミネラル

加工されたおやつからでは摂れない、美と健康に有効な腸が喜ぶ要素です。果物や野菜全般から様々な種類が摂取できます。また腸内細菌は特に鉄分とビタミンD不足を嫌うので、カカオ、デーツ、卵などのパレオスナック食材が特におすすめです。腸機能や免疫力の低下を防ぐのに役立ちます。

これはダメ⚠ 腸内環境を悪化させる食品

精製、加工食品

腸内細菌の最大の天敵は、添加物とあらゆる化学物質です。発酵食品、乳酸菌、ビフィズス菌などは有効です。

加工穀物と乳製品

パン、パスタ、麺などグルテンを含む小麦粉製品と、遺伝子組み換えが多いコーンが原材料のもの、乳製品は要注意。

お酒

腸内で毒性の菌を増やし、腸内環境を荒らします。お酒を飲むなら抗酸化作用のある赤ワインをグラス１杯程度にしましょう。

※有効な食材の効果には個人差があります。

POINT 03 オリゴ糖

パレオスナックの天然甘味料の代表であるはちみつ、バナナに豊富に含まれるオリゴ糖もまた腸の大好物です。熱や酸にも強いですが、非加熱のローハニーが腸に直接届きやすいです。

POINT 04 良質な油脂

ココナッツオイルやココナッツバターは多くのパレオスナックで使用される代表的な油。オイルの50％以上はラウリン酸でできているため免疫力を高め、腸内環境の改善に役立ちます。また生のオリーブオイル、アボカド、ナッツ＆種も良質な脂肪として腸を整えるサポートをしてくれます。

生活習慣では睡眠、運動、ストレスコントロールが腸内環境に直接影響しますのでこちらの改善も忘れずに。またよく噛むことで唾液が消化酵素を出して消化を助けるので、ゆっくり食べましょう。それは満腹感を感じるためにも大切で、食べすぎも防ぎ、腸内細菌を喜ばせます。

06

糖質オフブームの意外な落とし穴

数年前からブームとなっている「糖質オフダイエット」。たしかに、体重を落とすことを目的としたダイエットの場合には、糖質を制限することが最短の方法となるでしょう。しかし実際に糖質制限で落ちる大部分は、体の中の水分と代謝に必要なグリコーゲンであって、体脂肪ではないということをご存じでしょうか?

「糖質制限がやせる!」というのはウソではありません。しかし体の声を聞かずにやりすぎてしまうと、体に糖が足りない状態でエネルギー不足に陥り、必要な筋肉が落ちてしまったり、ストレスホルモンが上がり逆に太ってしまったり、女性ホルモンのバランスも崩れ、様々な不調を起こす原因になりかねません。そもそも糖質とは、炭水化物の一部で、食物繊維とあわせて成り立っています。むやみに糖質をオフしてしまうことで、お通じやダイエットに欠かせない食物繊維まで抜いてしまい、栄養不足を招く例も少なくありません。

一番危険なのは、糖質オフだから大丈夫といって、糖質オフやカロリーゼロと書かれた清涼飲料水や加工食品にその原材料を見ることなく飛び

自然な糖質はうるおい溢れる美の源。

付いてしまうこと。口に入れる前にまず考えてみてください。その食品は自然からかけ離れていないでしょうか？

繰り返すようですが、加工食品のほとんどは化学的に人の手によって作られたものです。リアルフードと言われる自然な恵みの食べ物とは違います。そして未知で体への影響がまだ十分わかっていない添加物に加え、中毒性のある体に良くない脂肪が使用されていることが多いのです。自ら人体実験をして10年後の健康を試したいわけではないのなら、化学物質を摂取するのは避けるべきでしょう。

また糖質オフ、カロリーオフ製品によく使用される甘味料、スクラロースやアスパルテーム。これらの人工甘味料が体に悪影響を及ぼすことは多くのリサーチで証明されていて、美を手に入れるどころか脳にダメージを与え、老化を招いてしまうことも。

糖質自体は体に必要な栄養素ですから、オフにしてしまっては体が動きません。無理な制限で糖質摂取を控えるよりも、糖質をどの食品から摂るかがダイエットにとって重要になってくるのです。

07

糖質を賢く摂ることがグラマラスボディの秘訣

糖質は私たちを動かす大事なエネルギー源であるのにも関わらず、最近では悪者とされる風潮がありますが、それはなぜでしょうか？　太ると思っているから？　それとも体に悪いと思っているから？

たしかに、糖質を摂りすぎると体脂肪は増えます。しかし逆に足りないと、「もう体が動かないよ！」と脳が反応し、筋肉をすり減らしてでも体を動かすために、エネルギーを作ります。するとどうでしょう。筋肉量は落ち、それによって代謝が悪くなるので、太りやすい体質へと変化してしまいます。

そしてこのような糖質をエネルギー源としない代謝の形は、本来行われるはずのエネルギーの作り方とは違って、糖質不足による緊急事態時の方法となるため、体にとってストレスが大きく、それこそが多くの人にとって肥満や不調を招く原因に繋がります。

糖質をオフにすれば、もちろん体重は減るでしょう。しかし水分とエネルギーが不足した状態ですから、見た目はやつれて元気がなくなり、イライラして、肌のハリも落ち……と、体重が落ちたのに喜べない見た

パレオスナックで摂れる 良質な糖質

☑さつまいもなどのいも類　☑かぼちゃなどの野菜
☑ベリーなどの果物　☑はちみつなどの糖類

目になってしまうかもしれません。そもそも体重はその字の通り、体の重さでしかないので、筋肉量の多い健康的な体の人や、背が高い人は数字が高くなって当たり前。体重をダイエットの目標にするのはナンセンスです。

おまけに頑張って糖質を抜いて体重を減らしたのに、このような飢餓状態となると脳は危険を感知して、「エネルギーを蓄えよ！」と指令を出してきますから、空腹状態という太る原因の最悪なタイミングで暴食を招き、リバウンドしやすい体質に繋がります。無駄な努力と悲しい結果を招いてしまうのです。もちろんグラマラスボディとはかけ離れた体ができあがってしまうでしょう。

体はとっても正直です。グラマラスな健康美をエネルギー不足のげっそりした体から作れるはずがありません。このような失敗を避けるためには、糖質を賢く摂るということが大事になります。糖質を賢く摂るということは、小麦製品や加工食品などの体を脅かす可能性のあるものからではなく、栄養をたっぷり含んだ野菜、果物、いも類、はちみつなどの体が喜ぶ自然な食材を選ぶということです。

08

パレオなら糖質オフもカロリー計算も必要なし!

パレオスナックダイエットなら、糖質オフもカロリー計算も必要ありません。なぜなら元をたどれば、パレオダイエットがお手本とする旧石器時代の狩猟採集民族が糖質オフやカロリー計算をしなくても肥満や生活習慣病とはほとんど無縁だったからです。これを聞いてあなたはこう思うでしょう。

「そりゃそうでしょう、だってコンビニもない時代に、この人たちは現代のような豊富な種類の食べ物がないわけだし、糖質オフにするどころか、生きるために必死で、カロリー計算どころじゃないよね……」

そうです。それが答えです。現代人は豊富な食材の選択肢があり、その中にはたくさんの加工食品があり、悪い油があり、甘いお菓子があり、結果カロリーを大幅に摂りすぎているのです。

つまり、私たちは自然からかけ離れた食べ物を、自然から離れてしまった感覚で、それが美味しい、欲しい、食べたいと選び、ミスマッチなものを食べすぎてしまっているということです。

パレオダイエットの考えで口に入れる物を選ぶことで、この問題は解決されます。なぜならパレオで食べるリアルフードは、脳を満足させ、代謝を促し、ホルモンを正常に保つので、自分が何を食べたいのか、本当にお腹が空いているのか、空いていないのか、などの正常な判断を導き、カロリーオーバーするような食べ方は自然とできない仕組みになっているのです。

Chapter 3からご紹介するパレオスナックレシピを試してみれば、その意味がわかるでしょう。1つでこんなに満腹感を味わえるおやつはないですよね！　それはリアルフードだからです。

それでも、もしあなたがカロリーの高いナッツを1袋簡単に食べられる、というのであれば、P14にある7つの基本ルールを点検してみてください。食事内容に加え、食事をスキップしたことや睡眠不足など、原因は他にあるかもしれません。

おやつから少しずつパレオスタイルに戻していくことで、徐々に全てがリセットされ、再び回り始めます。パレオスナックを取り入れることはダイエット成功への大きなファーストステップとなるでしょう。

09

パレオが作る グラマラスボディは一生モノ！

私はすぐにリバウンドする一時的なダイエットは実験という目的以外なら全く意味がないと思っています。人生はこれから先も続くのに、短い期間で出た成果はほとんど自分のものにはならないからです。

私の学生時代はアムラーが流行り、モデルはやせてガリガリな程可愛いと言われる時代でした。まだ自分らしさを見つける前の私は憧れを追いかけ、ただやせたいという願望で色んなダイエットを経験しました。蒟蒻ダイエットや、りんごダイエット、ただひたすら食べないだけの我慢ダイエットというのもありました。今考えると「若いな自分！」と笑ってしまいます（笑）。

全ては我慢。我慢を繰り返しては栄養不足でげっそりやせて、そしてドカ食い、リバウンドで元どおり、という意味のない方法を2週間から3カ月程度のスパンで繰り返しました。短期間で行う栄養の乏しい内容のダイエットは、一時的に劇的な変化は生まれても、自分のものにはならずに終わってしまったのです。

こういった経験からか、「ダイエットには我慢がつきもの」「頑張らなくてはいけないもの」という重苦しいイメージを持ったまま成長していったので、約8年前にカロリー制限一切なしのパレオダイエットを知ったときは、「好きなだけ食べてもいいダイエットなの!?」と仰天し、新しい世界、初めての扉にワクワクしたのを今でも鮮明に覚えています。

そして8年が経ち、パレオダイエットは私の生きる道となりました。パレオなら好きなだけ食べても太らない体と、エネルギーいっぱいの毎日を与えてくれます。食事、おやつ、運動、生活習慣、全て自然サイクルのパレオスタイルが、マインドとボディの両面から自分を作り、支えてくれているのです。

もう迷うことのない、永遠に続けたいダイエットは、頑張ることなく、自分のペースで、徐々に積み上げながら、自分だけの魅力的な体を一生モノへとしていくためのダイエットです。自分の体を毎日メンテナンスしてくれるお母さんはもういません。一生涯続けられるダイエットをぜひあなたも手に入れてください。

10

おやつで始める ゆるパレオのすすめ

本書で私が提案する「パレオスナックダイエット」は、原始的な食材のみで作ったおやつ「パレオスナック」から始める、実践するのがとても簡単なダイエットです。7つの基本がありますが、ゆる〜くパレオライフを始めるという意味で、まずは「空腹時のおやつ」、「10分の運動」、「野菜を摂る」。この3つから始めていく入りやすいやり方を、私の中では「ゆるパレオ」と位置付けています。

これだけ聞くと、「そんなにゆるくて本当に効果が出るの？」とか「おやつだけでは何も変わらないのでは？」という疑問が聞こえそうですね。

ですが、ある調査では、現代人は1日の食事の3分の1近くの割合でおやつを食べていると言われています。小腹が空いてカップラーメンを食べたりするのもこれに含まれています。おやつを変えるだけで食事全体の3分の1を変えることになるとすれば、かなり大きな変化ですよね。

パレオは人それぞれのやり方でいいのです。

ダイエットとして取り入れる場合、100％パーフェクトな自然食のみのパレオを行う必要はありません。私自身もパレオ10%の生活です。何でも好きな物を食べる日もあれば、外食して好きなものを頼んだり、時にはお酒を楽しんだりと、我慢ゼロの生活を送っています。

何事もきっちりパーフェクトにやらなければ気が済まない人や、肥満や病気を治す目的の人を除いて、みなさんに言えるのは、「とりあえずおやつから変えてみましょう」ということです。そのことによって、少しずつ自然のものを好むように味覚が変化したり、自分の口に入れるものの原材料や食べ方を意識し、自身の健康と向き合うきっかけができることがとても重要になります。

おやつから始める「ゆるパレオ」なら、無理なく毎日の習慣に取り込めて、より美しい体と健康的な生活を手に入れることができ、ストレスなく楽しみながら続けることができます。

さっそく次のページからご説明する「How to ゆるパレオ」を見て、実践してみましょう！

STEP 01 空腹を感じたらパレオスナッキング！

P66からレシピを掲載している栄養豊富なパレオスナックを作って、次の食事まで5時間以上空いてしまう場合や、お腹が空いておやつが食べたくなったときの救世主として摂り入れましょう。

その他にも手軽に作れるゆで卵や、コンビニでも買える小魚、野菜チップス、いも、ナッツ、フルーツなども添加物に注意して選ぶようにしましょう（P56参照）。

職場や外出先での空腹に備えてパレオスナックを持ち歩く「おやつプレップ」についてはP54でご紹介します。

STEP 02 毎日10分の運動を！

毎日をアクティブに過ごすために1日10分は運動する時間を作りましょう。

やせやすく代謝の良い体を作るために、Chapter 4（P95～121）では、家の中で簡単にできるダンベルワークアウトをご紹介しています。ですが、運動といっても、筋肉を鍛えるだけでなく、外を散歩したり、ストレッチをしたりする、血行を良くし、脳とメンタル面の健康を保つための運動も大切です。1週間のうち4日はダンベルで筋トレ、2日はウォーキングやヨガ、1日はストレッチ、といったふうに計画を立ててバランスよく行っていくのが良いでしょう（P118～119参照）。

アクティブな毎日は、心と体に快適さを与えてくれます。

How To ゆるパレオ

STEP 03 毎食こぶし1個分の野菜を入れる

野菜は抗酸化作用に優れ、ビタミン、ミネラル、食物繊維を豊富に含むので、キレイにダイエットするためには積極的に摂りたい食品です。人それぞれの体格によって必要な摂取量は異なりますが、まず1食にこぶし1個分を目安にしてください。

できればアルカリ度の高い生の葉物野菜が酵素をたくさん含み、栄養を丸ごと摂り入れられるので望ましいですが、まずは野菜の種類を限定せず毎回摂り入れることを目標にしてみましょう。

もっとしっかり食事をコントロールしたいという人は、リアルフードの肉、卵、魚介類、野菜、果物、ナッツ＆種、ヘルシーオイルが基本。美に大敵のパンなどの穀物は徐々に減らし、タンパク質と脂質の量を増やしてみましょう。

ちなみに私はこぶし2個分の野菜、手のひら1個分のタンパク質、親指分の脂質、片手で器を作った分の炭水化物を毎食で食べています（P53参照）。

原始のリズム、
サーカディアンリズムに倣って過ごそう！

サーカディアンリズムとは、日の出と共に活動し、日の入りと共に休息に入る、人間が生まれながら持つ自然な生活リズムのこと。より野生的な生活習慣は、ポジティブ思考の源となり、健康美をサポートします。

日の出と共に起床して狩猟採集で獲れる食べ物のみを口にし、1日中体を動かして日没と共に就寝する――。

こんな理想的な原始生活ができれば当然、私たちの健康状態は見違えるように改善し、体型も引き締まりますが、現代を生きる私たちにとって現実的には難しいですよね。

だから完璧なパレオスタイルを目指す必要はないのです。今まで何気なく食べてしまっていた大量生産のスナック、クッキー、チョコレートなどのお菓子をやめて、栄養価のあるおやつにチェンジしたり、食事や運動の生活習慣に少しだけ意識を向けていくことが、ダイエット成功への一歩となります。

先にあげた「ゆるパレオ」の3STEPを実践しつつ、次ページの「パレオスナックダイエット7つの基本ルール」を上手に生活に取り入れていきましょう。7つの基本のポイントは、おやつから始めて、運動、食事、睡眠、水分補給、自然体験、脱デジタルを柱とし、原始人の生活スタイルをお手本にしています。人間が生まれながら持つ自然で野性的な習慣は、ポジティブな思考を生み出し、ナチュラルな美をサポートするのです。

Check rules!

パレオスナックダイエット
7つの基本ルール

ゆるパレオ

RULE 01
空腹を感じたら
おやつで
栄養補給

RULE 02
毎日
最低10分は
体を動かす
時間に

RULE 03
なるべく
リアルフード
を食べる

＋

RULE 04
毎日
7〜9時間
寝る

RULE 05
目覚めは
コップ
1杯の水

RULE 06
太陽の
光を浴びる

RULE 07
デジタル
デトックスタイム
を楽しむ

※７つの基本ルールについての詳細はP14-15を参照。

Let's try it!

今すぐできる！パレオLIFE
1DAYスケジュール表

POINT

1日のスケジュールは、原始のリズムに倣って計画を。パレオスナックダイエットの7つの基本を取り入れて、毎日の習慣をルーティーン化することが大切です。

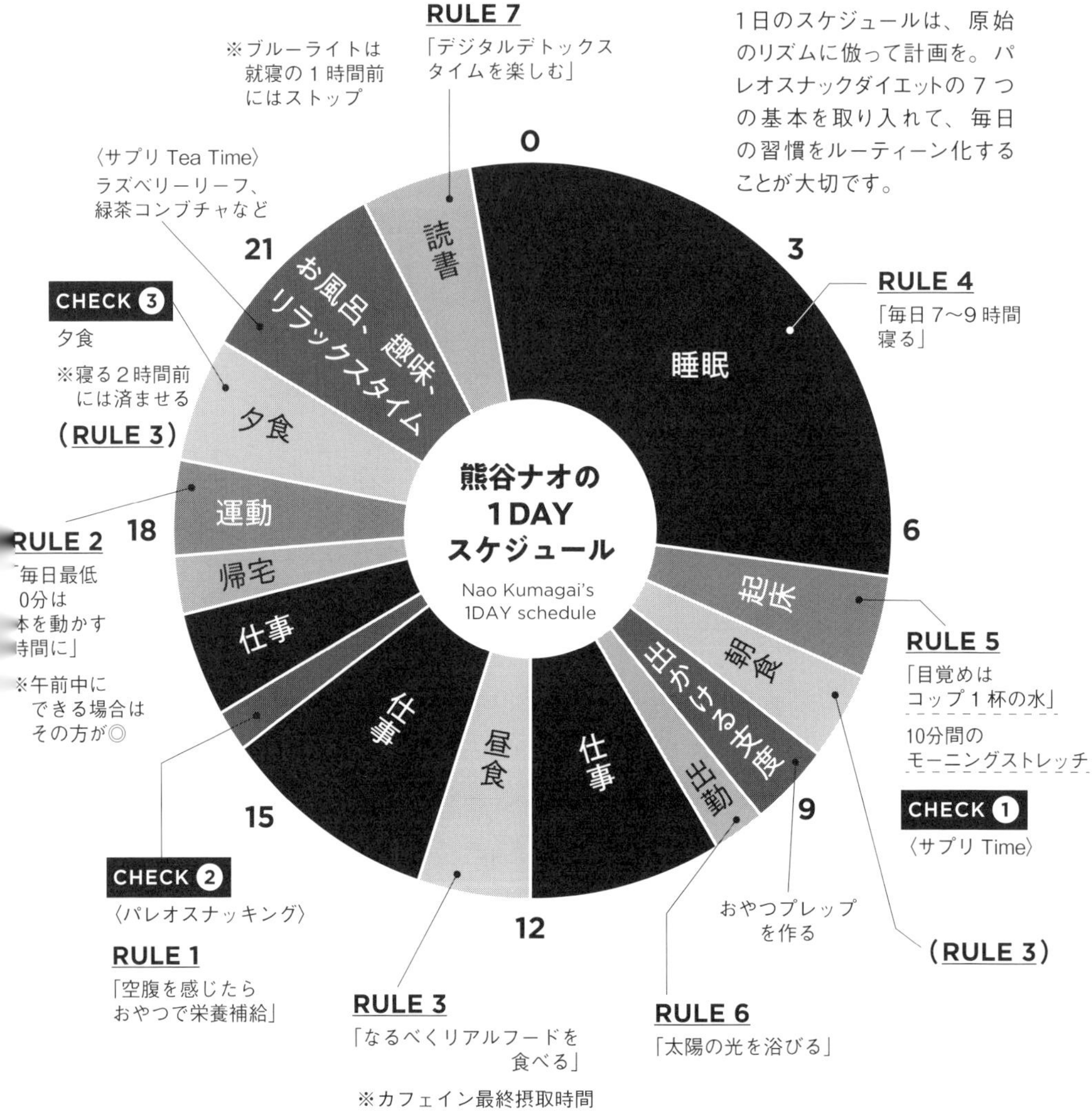

CHECK 1

06:30 サプリTime

青汁は食事だけでは十分に摂りにくい葉物系の野菜を補うため、吸収率の最も高い朝食前に。マッシュルームコーヒーのカフェイン量は通常の半分で胃に優しく、ストレスの軽減に効果的。日光を充分に浴びれない日は、ビタミンDを必ず摂取しています。

CHECK 2

16:00 パレオスナッキング

おやつプレップをして毎日持ち歩いています。ベリーやカカオニブなども混ぜてナッツバックを常備。手作りのパレオスナックは冷凍保存も活用し、小分けにプレップ。市販のパレオスナックも活用します。

CHECK 3

19:00 夕食

夕食はできるだけ早めに食べて、腹八分目が鉄則。筋トレをした後は、最低でも1時間以内に動物性のリアルプロテインを含めた食事をします。夕食に限らず毎食のメニューはパレオスタイルで、ざっくり手のひら計算をして、体が喜ぶバランスを重視しています。

11

おやつ摂取の上手なタイミングと量について

おやつは食事と食事の合間のつなぎとして、賢く摂っていきましょう。おやつを摂る目的は、食事で不足しがちな栄養チャージと、次の食事までの空腹時間を長く作らないためです。

お腹が空いていないのに無理に食べる必要はありませんが、食事をスキップしてしまった場合や次の食事まで5時間以上空いてしまう場合に摂取するようにします。

「おやつ＝栄養チャージと極度な空腹を避けるための、美のご褒美」と考えましょう。

次の食事をお腹がペコペコの状態で摂ってしまうと、太る原因になり、糖質の高いものであればなおさら血糖値を健康な状態に保てなくなります。またおやつがリアルフードからかけ離れると、お腹の空き具合のセンサーが壊れてしまうので、注意しましょう。

おやつ摂取のタイミングは食事の前後、4～5時間に1回が目安です。例えば朝食を7時に摂ったら、11時に1回おやつを摂ります。13時に昼

1日に摂取したい理想の栄養量（Precision Nutrition参照）

摂取したいもの	理想の栄養量
タンパク質	手のひらサイズ３～６個分
炭水化物	片手で器を作ったサイズ３～６杯分
脂質	親指　３～６本分
＋野菜	こぶし　３～６個分

※運動量や健康状態など、個人差があります。

食を摂り、17時におやつを1回、そして19時に夕食を摂り、1日の食べるスケジュールは終了となります。これは1日2回のおやつという意味ではなく、前後の食事の時間とお腹の空き具合で調整していきます。

おやつ摂取の量は、おやつの量として考えず、1日の食事の栄養の中で足りない分を補う量として考えます。

上の表を参照して、不足している栄養がないかどうかをチェックしてみましょう。この表は1日に必要な栄養素を、自分の手を目安に計る考え方です。必要な摂取量がわかったら、足りない分をパレオスナックで賢く補いましょう。

例えばタンパク質が足りていないときはゆで卵を、炭水化物が足りていないときは果物やいもを、脂質が足りていないときはナッツを、といった具合にそれぞれスナックとして摂取します。

ストレスのない範囲で楽しく実践してみましょう。

12

忙しい人にぴったりの おやつプレップ

仕事中や外出先で小腹が空くと、とりあえず何でもいいからとコンビニに駆け込んでお菓子を買ってしまったり、ついついそこにあるスナック菓子に手を伸ばしてしまいがちです。

そんなあなたにぴったりの解決方法があります。それは「おやつプレップ」です。おやつプレップとは、手軽に持ち歩けるパレオスナックを事前に準備しておくこと。Chapter 3からのおやつレシピを作って、手軽に持ち運び、空腹に備えます。

おやつプレップをすることで、市販のおやつで摂取してしまう白砂糖や小麦粉、悪い油や添加物など、あなたに罪悪感を与え、体調を狂わせてしまう要素を一気に取り払うことができます。

とっても簡単！ おやつプレップのやり方

【手順❶】作りおきをする

おすすめのプレップレシピはこちら!

P66	レモンパイ Energy ボール	**P77**	スイートポテトフライ with ローズマリーソルト
P66	ココナッツ&セサミ Energy ボール	**P80**	ココナッツパンプキン
P67	抹茶チョコ Energy ボール	**P84**	バナナブレッド
P71	ダークチョコチップクッキー	**P86**	ブルーベリーマフィン
P72	スーパー8フードクッキー	**P87**	キャロットケーキ
P73	パレオナッツバー		
P74	ノーシュガーブラウニー		
P76	アップル&ズッキーニチップス

※次のページのコンビニでも買えるスナックガイドも参考にしてください。

週末または曜日を決めて1週間分のおやつを作りおきする。

【手順❷】持ち運びの準備

ジップロックなどに小分けして持ち運びの準備をする。

作りおきができて持ち運びやすいおすすめのレシピは、上記の表を参考にしてください。

作る余裕のないときは、コンビニやスーパーでナッツやゆで卵などのパレオスナックを購入し、プレップするのも良いでしょう。

職場や外出先で、事前に準備したパレオスナックをスタイリッシュに持ち運び、食べている女性は意識高い系、と思われるかもしれません。でも本当にその通り、美の意識が高いのです。そしてそういう女性は大抵美しいものです。

13

コンビニでも買えるパレオスナックガイド

おやつの用意がなかったり、作る余裕がないときは、コンビニやスーパーを活用しましょう。商品の選び方さえ知っていれば、ほとんどのお店でパレオスナックを見つけることができます。

しかしパッケージ化された商品の表示をうのみにしてはいけません。パッケージ化されているということは、その食材はすでに手が加えられているということです。洗浄の際に使われた消毒液や、一定の量を超えない添加物の表示はされていません。

ただ、だからといって、あまり神経質になってしまってはダイエットも続かず、逆効果となってしまうので、なるべく自然に近い物を選ぶように以下のことを心掛けてみてください。

［選び方の優先順位］

❶原材料の表示がないパッケージ化されていないリアルフード
（例：ブルーベリー、いちご、りんごなど）

❷原材料がその商品1つだけのもの
（例：ゆで卵、アーモンド、小魚など）

❸原材料に砂糖、食塩、植物油脂や添加物の表示ができるだけ少ないもの

ダブルダークチョコレート ハニーパティ（Heavenly ORGANICS）

オーサワの干しいも（オーサワジャパン）

たべるヘルシー小魚（土佐屋）

有機ココナッツチップス（ALISHAN）

有機フルーツ&ナッツミックス（ALISHAN）

おすすめ商品

FOOD 01 ゆで卵（食塩、砂糖、添加物不使用のもの）

良質なタンパク質を補えます。卵は栄養価の高いスーパースターです。

FOOD 02 ナッツ（食塩、植物油脂、添加物不使用のもの）

豊富な食物繊維と抗酸化作用のあるビタミンEなどの栄養を補える良質な脂質です。

FOOD 03 ベリー系のフルーツ、冷凍ベリー

フルーツでも糖質が少なく、ビタミンなどの栄養が補えます。

FOOD 04 小魚、干しエビ（食塩、添加物不使用のもの）

食事で不足しがちなカルシウムを補えます。

FOOD 05 いも、高カカオチョコレート

食物繊維を豊富に補えます。いもは糖質が高いので食べすぎに注意。

※どの食材も摂りすぎると逆効果です。おやつは適度にバランスよく取り入れましょう。

14

ビタミン&ミネラルで健康美に輝きをプラス!

パレオスナックが精製された加工おやつよりはるかに良いということについて、より自然に近いという点をはじめ、脳の満腹センサーを狂わす要素がないことや、腸内環境に良い点などを紹介してきました。

そしてもう1つ、忘れてはならない大きな違いは、パレオスナックで摂れる栄養価です。毎日食べたいおやつの理由は、特にビタミン、ミネラル類が豊富な点にあるのです。

ビタミン、ミネラルは、太陽からのビタミンDを除き、そのほとんどが必要な量を体内で合成することができないので、食品から摂る必要があります。

そして美肌やアンチエイジングに欠かせないという要素である以前に、私たちの体のあらゆる機能を正常に保ってくれる大変重要な役割を果たしてくれています。例えば私たちのエネルギー代謝にはビタミンB群が必須で、何か一つでも不足してしまうとうまく機能しないのです。ビタミンB6不足だと肌荒れ、鉄分不足だと貧血などのように、不足しているものがあると、様々な欠乏症を招いてしまいます。

そしてパレオスナックで登場する野菜や果物には、体のｐＨ（ペーハー）バランスを整える役割もあります。ｐＨバランスとは、体の酸性とアルカリ性の度合いのことです。腎臓が常にこのバランスを一定のレベルに調整し、健康を保ってくれていますが、バランスが傾くと、体の成長率を低下させたり、筋肉がやせてしまったりと、不調を招きます。

特に健康美にとっては酸性への傾きが大敵となるため、抗酸化へ導く野菜、果物などのアルカリ性の食品を積極的に摂取してバランスを整えることが重要になります。

また多くの現代人の食事は小麦・肉の摂りすぎや、乳製品にお酒、加工食品によって酸性に傾きやすいので、野菜や果物・アーモンドを含んだパレオスナックでアルカリ度を補うように摂取していくことが、ハツラツとした健康美に輝きをプラスするコツとなるのです。

抗酸化作用に優れ、内側から美を作るビタミン＆ミネラルを、パレオスナックでぜひ取り入れてみてくださいね。

15

良質な脂肪は若さを保つ美の栄養

３大栄養素の１つである「脂質」。その名前からか、なぜか嫌われ者で、避けられがちですが、摂り入れるオイルや脂肪が必ずしも体のぷよぷよの体脂肪になるわけではないことはご存じですよね。

脂肪は体の中で多くの重要な役割を果たしています。エネルギーの提供だけでなく、ホルモンを作り、そのバランスを取ったり、細胞膜や脳、神経系を形成、さらには美容効果のあるビタミンEなどを運ぶ仕事もしています。脂肪が足りなくなると、このビタミン類が不足して老化を加速させます。毎日生まれ変わる細胞を美しく再生させるためにも、良質な脂肪を摂ることは必須というわけです。

パレオスナックの食材では、アボカド、ナッツ、種、ココナッツ、卵の黄身から良質な脂肪を摂ることができます。オイルの場合は、ココナッツオイル、オリーブオイルが活躍します。

ココナッツオイルは、炎症を抑えるのに有効な母乳にも含まれるラウリン酸を多く含み、免疫力を高めます。また体内に蓄積されにくく、腸内環境を整える健康美にぴったりの油です。調理をしても非常に酸化しづらい油ではありますが、どんなに良い油も酸化してしまっては悪い油と化し、老化を加速させるので、酸化、加工のない油を選ぶことが良い油選びの条件となります。

一方で一番避けたいのは加工油のトランス脂肪酸。これは揚げ物やパン、お菓子などの加工食品によく含まれる酸化した悪い油です。マーガリン、ショートニング、マヨネーズ、サラダ油などが代表的です。トランス脂肪酸は悪玉コレステロール値を上昇させ、様々な現代病の原因となることがわかっています。米国食品医薬品局（ＦＤＡ）は、この明らかに証明されたトランス脂肪酸の害を重く受け止め、２０２０年までに全米の食品から排除することを発表しています。

体脂肪が増える、そして減らない原因は、バランスの悪い食事や加工食品ばかりに頼る食生活、ストレス、睡眠不足などの生活習慣の乱れ、遺伝、腸内環境など、人それぞれによって違うので、様々な要因が考えられます。トランス脂肪酸の摂りすぎで、満腹感のセンサーがうまく効かず、単純に食べすぎている人も少なくないでしょう。

16

パレオスナックに含まれる酵素の力で食べてキレイに

パレオの食べ方を突き詰めると、できるだけその食材から栄養を丸ごと摂取したいという考えにたどり着きます。

加工、精製されていないリアルフードを中心に、なるべく自然な食材を選ぶことでたくさんの栄養を摂ることができますが、野菜不足が続いているときや、疲れやすいときなど、栄養を丸ごと摂る目的で賢くおやつを食べるなら、パレオスナックの中でも加熱していないローフード、ロースイーツがおすすめです。

食材の栄養を丸ごと摂取するには、食材を消化、吸収してくれる酵素の働きが必要になります。私たちの体内には、もともと酵素が存在しているのですが、数に限りがあり、年齢とともに減少していってしまうものです。

しかし生の食材の場合、そのほとんどに酵素が生きたまま含まれているので、加熱をするよりもはるかに栄養素を吸収することが可能になります。そして酵素はダイエットに欠かせない代謝の良い体づくりをサポートし、腸内環境を整えたり、デトックス効果を促します。

CCCメディアハウスの新刊・好評既刊

腸をキレイにする「新・おやつ習慣」
パレオスナックダイエット

世界中のセレブ美女たちが実践するパレオダイエット。原始的な生活をお手本にしたそのアプローチを原点に、より手軽に取り入れられる「新おやつ習慣」でヘルシー＆グラマラスな体づくりを提案します。食物繊維豊富なスナックを30レシピ掲載。

熊谷ナオ 著　●予価本体1700円／ISBN978-4-484-19203-1

プレゼン・コンシェルジュが教える
社会人1年目の「アピり方」

「マナーの一歩先の行動」で自分をさりげなくアピールすれば、重要な仕事を任され、本当に仕事ができるようになる！　社会人はいつでもどこでも、存在そのものが「プレゼンテーション」。「いい仕事」は「できる人」のところに集まってくる。

天野暢子 著　●予価本体1400円／ISBN978-4-484-19202-4

肉とSNS　最幸のテクニック

グルメブログとインスタグラムの外食部門で日本最大級の読者数を誇る著者。SNSを通じて「食」を発信したことで、ファンは増え、人生はふくよかに！肉とSNSで人生がハッピーになる『最幸のテクニック』を伝授！

フォーリンデブはっしー 著　●本体1400円／ISBN978-4-484-19204-8

日曜日はプーレ・ロティ
ちょっと不便で豊かなフランスの食暮らし

フランスで「食」に関する取材・執筆を行う著者が、フランスの「食」に魅かれ続ける理由。産地から食卓まで、ひと皿を流れる時間をまるごと味わうことは「暮らし」を愛することだった。

川村明子 著　●本体1500円／ISBN978-4-484-18235-3

※定価には別途税が加算されます。

CCCメディアハウス　〒141-8205 品川区上大崎3-1-1　☎03(5436)5721
http://books.cccmh.co.jp　/cccmh.books　@cccmh_books

おすすめのローレシピはこちら!

P66 …… レモンパイEnergyボール
P66 …… ココナッツ&セサミEnergyボール
P67 …… 抹茶チョコEnergyボール
P69 …… アボカドライムアイスクリーム
P75 …… パレオクリームチーズ
P89 …… パレオグラノーラボウル
P90 …… アボカドGreenスムージー
P91 …… エッグプロテインシェイク
P92 …… ゆずハニー茶
P93 …… アーモンドミルク

毎日の体調が良くなるのはもちろんのこと、その効果はお肌をキレイにしたり、なかなか落ちなかった脂肪が落ちたりと嬉しいことばかりです。

ただ、ローフードに偏ると、加熱をしなければ食べにくい食材からの栄養が摂れなくなったり、それによってタンパク質やカルシウム不足を招く可能性があります。中には加熱で栄養価が出る成分を含む素材（トマト、にんじん、さつまいも、ほうれん草など）もあるので、それぞれの特徴に合わせてバランスよくいろんな食材を食べることを優先しましょう。

パレオスナックとして食べる生の果物、野菜、ナッツや種には、生きた酵素がぎっしり詰まっています。上記のおすすめロースナック・ドリンクレシピも参考にして栄養を丸ごと摂り入れてみましょう。

また食べるときはよく噛むことで酵素を最大限に取り入れられるので、忘れずに。休憩中の1つのおやつがきっとあなたの気分を上げてくれるでしょう！

PALEO DIET
COLUMN

Egg Beauty

実はスゴイ!
卵の美力

Chapter3 でご紹介するレシピでも頻繁に登場する卵は、パレオスナックの代表的な栄養満点スーパースターです！ **食事で不足しがちなタンパク質を補うのにゆで卵は最高のおやつ**になります。良質なタンパク質は、代謝に欠かせない筋肉を作るだけでなく、骨、髪、爪など、私たちの体のあらゆるパーツを作っています。

数年前まで卵の食べすぎはコレステロールの上昇を招くため、よくないこととされてきました。厚生労働省が発表する食事摂取基準に、コレステロールの目標量が設定されていたため、健康診断などでコレステロール値を下げるために卵を控えようとしていたのです。ところが 2015 年の発表で、食事が体内のコレステロール値に与える影響が極めて小さいということが注目され、**コレステロールの目標量は消えました。そして今ではコレステロール値を本当に上げてしまう原因は、栄養に乏しい加工食品を食べすぎたり、悪い油や体に炎症を与えるような食生活の乱れにある**と考えられています。

卵は生命維持のためのビタミンＢ群をはじめ 13 もの必須栄養素を含み、健康美を作るには欠かせない存在です。1日２～３個の卵を食べることで、**マルチビタミンのサプリメントを摂取するよりもずっと効果があり、病気を防ぐ**という研究もされています(※)。ぜひ、積極的に摂りたいおやつのリストに入れておきましょう。卵の美力はどんなサプリよりもすごかったのです！

※平飼いの卵を選ぶことが重要となります！

Chapter 3

Paleo Snack and Sweets Recipes

パレオスナック&スイーツのレシピ

自然の素材だけを使用した栄養満点のパレオスナックは、
少量でも満腹感があり、食後の罪悪感もゼロ！
ほどよい甘さと素朴な味わいでお腹も脳も大満足な、
ダイエットのための最強スナックです。
どれも短時間でできる簡単なレシピばかりなので、
ぜひ作ってみてくださいね。

材料（約10個分）

デーツ（柔らかい状態） …… 1カップ（100g）
レモン汁 …… 大1
レモンの皮（刻み） …… 大1
カシューナッツ …… 1カップ

作り方

1 ナッツ以外の材料を全てフードプロセッサーで1分以上撹拌する。

2 1にナッツを加え、さらに15秒程撹拌し、ボール状に丸める。

※フードプロセッサーがない場合は、細かく刻んだ材料をボールで混ぜ合わせて作れます。

ココがPaleo! デーツの満腹作用は空腹の強い味方。ビタミンCが豊富。

RECIPE 01

レモンの爽やかな甘さ

レモンパイEnergyボール

RECIPE 02

ごまの芳ばしい香りが◎

ココナッツ&セサミEnergyボール

材料（約10個分）

デーツ（柔らかい状態） …… 1カップ（100g）
ココナッツファイン …… 1/4カップ（15g）
バニラエクストラクト（なくてもOK） …… 小1/2
ごま …… 1/2カップ（45g）

作り方

1 デーツをフードプロセッサーで1分以上撹拌する。

2 残りの材料を全て加え、さらに30秒程撹拌し、ボール状に丸める。

ココがPaleo! アンチエイジング効果のごま&ココナッツをふんだんに使用。

※材料の分量は「大1」=「大さじ1」、「小1」=「小さじ1」を表しています。

抹茶のほろ苦さがちょうどいい

RECIPE 03

抹茶チョコEnergyボール

材料（約10個分）

- カカオパウダー……大1+小2
- 抹茶パウダー……大1+小2
- デーツ（柔らかい状態）……1カップ（100g）
- バニラエクストラクト（なくてもOK）……小1/2
- アーモンド……1カップ

作り方

1. アーモンド以外の材料を全てフードプロセッサーで1分以上撹拌する。
2. 1にアーモンドを加え、さらに15秒程撹拌し、ボール状に丸める。

ココがPaleo! ビタミンE、茶カテキンとカカオポリフェノールの最強美容効果。

RECIPE 04

口の中で溶ける新感覚スイーツ

ココナッツバターパレット

【オレンジ&アーモンド】

材料(200ml分)

ココナッツバター …………… 1瓶(200ml)
オレンジ果汁 …………… 大1
オレンジの皮(刻み) …………… 10g
アーモンド(刻み) …………… 15g

作り方

1. オレンジの皮を刻み、果汁に浸す。
2. ココナッツバターを液状になるまで湯煎で溶かし、よく混ぜる。
3. **2**を型に流し入れ、**1**とアーモンドをトッピングする。
4. 冷蔵庫に入れて冷やし固める。

【ラムレーズン】

材料(200ml分)

ココナッツバター …………… 1瓶(200ml)
ラム酒 …………… 大1
レーズン …………… 40g

作り方

1. レーズンをラム酒に浸す。
2. ココナッツバターを液状になるまで湯煎で溶かし、よく混ぜる。
3. **2**を型に流し入れ、**1**をトッピングする。
4. 冷蔵庫に入れて冷やし固める。

ココがPaleo! 腸内環境に良いココナッツバターを丸ごと固めた腸育おやつ。

RECIPE 05

ライムが効いた爽やかな酸味

アボカドライムアイスクリーム

材料（約300ml分）

アボカド（すり潰し）……1個
ココナッツミルク……1カップ
ライム汁……大3+小1
メープルシロップ……大3+小1

※ココナッツミルクの代わりにP93のアーモンドミルクを使用することもできます。

作り方

1 全ての材料をもったりと滑らかになるまで混ぜる。

2 冷凍庫で2時間以上冷やし固める。

※一晩冷やすとシャーベット状、冷凍後2〜3時間で柔らかめのジェラートになります。

ココがPaleo! 乳製品不使用のナチュラルアイス。アボカドのチカラで健康美を。

RECIPE 06

白砂糖を使わない自然な甘さ

ココナッツオイルチョコレート

材料（90g板チョコ2枚分）

ココナッツオイル（液状）	1/2カップ
カカオパウダー	1/2カップ
メープルシロップ	大1+小2
バニラエクストラクト（なくてもOK）	小1/2

作り方

1 湯煎で温めながら全ての材料を滑らかになるまで混ぜる。

2 型に流し込み、冷蔵庫で1時間以上冷やし固める。

※甘さはお好みでメープルシロップの量を調整してください。

ココがPaleo! 美を作るココナッツオイルとカカオがたっぷり。

RECIPE 07

しっとりとした素朴な味わい

ダークチョコチップクッキー

材料（約14枚分）

Ⓐ
- ココナッツオイル（液状）……大2
- はちみつ……大3
- 卵……1個
- バニラエクストラクト（なくてもOK）…小1

Ⓑ
- アーモンドフラワー……2カップ
- シーソルト……ひとつまみ
- 重曹（なくてもOK）……小1/4

ココナッツオイルチョコレート（刻み）…1/3カップ
（市販のものを使用する場合はカカオ80％以上のもの）

作り方

1 ボールにⒶの材料を入れ、滑らかになるまで混ぜ合わせる。

2 混ぜ合わせたⒷの材料を1に加え、ヘラで混ぜる。

3 チョコレートを加えて混ぜ、丸い形にしてオーブンパンに並べる。

4 170度のオーブンで約15分焼く。

ココがPaleo! はちみつの優しい甘さと食べ応えあるナッツ生地の濃厚クッキー。

RECIPE 08

ナッツや木の実の歯応えも楽しい

スーパー8フードクッキー

材料（約14枚分・A,Bの材料はチョコチップクッキーと同様）

A
- ココナッツオイル（液状）……大2
- はちみつ……大3
- 卵……1個
- バニラエクストラクト（なくてもOK）……小1

B
- アーモンドフラワー……2カップ
- シーソルト……ひとつまみ
- 重曹（なくてもOK）……小1/4

C
- カカオニブ（粗挽き）……1/4カップ
- ゴールデンベリー……1/4カップ
- 松の実……1/4カップ
- チアシード……小1

作り方

1. ボールにAの材料を入れ、滑らかになるまで混ぜ合わせる。
2. 混ぜ合わせたBの材料を**1**に加え、ヘラで混ぜる。
3. Cを加えて混ぜ、丸い形にしてオーブンパンに並べる。
4. 170度のオーブンで約15分焼く。

ココがPaleo! 小麦粉不使用。栄養価の高い8つの食材が1枚にぎっしり。

RECIPE 09

素材の美味しさを感じる栄養満点スナック

パレオナッツバー

材料(約12個分)

	デーツ(柔らかい状態)	70g
A	ミックスナッツ(素焼き)	190g
A	重曹(なくてもOK)	小1/4
A	シーソルト	小1/4
A	ココナッツオイル(液状)	大2
B	卵	1個
B	ココナッツファイン	1/4カップ
B	ゴジベリー	1/4カップ

作り方

1 デーツをペースト状になるまでフードプロセッサーで撹拌する。

2 1にAの材料を加え、約30秒撹拌する。

3 2にBを加え、卵が混ざった時点でプロセッサーを止める。

4 ラップや整形型で形を整えてからオーブンパンに並べ、170℃のオーブンで約15分焼く。

ココがPaleo! ナッツを砕いて生地にした、食感と風味豊かな満足度100点のパレオバー。

RECIPE 10

カカオが香る甘くない大人の味

ノーシュガーブラウニー

材料（15cm×15cm型1個分）

A	カカオパウダー	120g
A	アーモンドフラワー	90g
A	シーソルト	小1/4
A	ベーキングパウダー（なくてもOK）	小1/4
	デーツ（柔らかい状態）	90g
	卵	3個
	ココナッツオイル（液状）	100ml

※P75のチアラズベリージャムと合わせるとさらに美味しく食べられます。

ココがPaleo! 食物繊維たっぷり、小麦、砂糖不使用の濃厚カカオデザート。

作り方

1 フードプロセッサーにⒶを全て入れ、撹拌する。

2 1にデーツを加え、細かい状態になるまで撹拌する。

3 2に溶いた卵を加え、軽く混ぜる。

4 3にココナッツオイルを加え、全体がもったりするまで混ぜる。

5 型に流し入れ、180度のオーブンで約20分焼く。

6 粗熱が取れたら冷蔵庫で冷やし固める。

カシューナッツの風味が豊か

RECIPE 11 パレオ クリームチーズ

材料（約400ml分）

カシューナッツ（一晩水に浸す）……2カップ
レモン汁……90ml
ココナッツオイル……60ml
メープルシロップ……大3

作り方

1 水切りしたカシューナッツをミキサーで撹拌する。

2 残りの材料を全て加え、滑らかになるまで撹拌する。

3 冷蔵庫で冷やし固める。

ココがPaleo! 乳製品不使用。レモンがキリッと効いた100%ナッツクリーム。

甘さ控えめのスナックと相性抜群

RECIPE 12 チア ラズベリージャム

材料（約200ml分）

ラズベリー……200g
レモン汁……大1
はちみつ……1/3カップ
チアシード……大1/2

作り方

1 鍋にラズベリーとレモン汁を入れ、中火で約10分程煮込む。

2 1にはちみつを加え、火を弱めて時々混ぜながらさらに10分程煮込む。

3 火を止めてチアシードを加え、熱を冷ます。

ココがPaleo! チアシードはオメガ3系の良質脂肪。ラズベリーとWの美肌効果。

RECIPE 13

スパイスの香りが素材の味を引き立たせる

アップル&ズッキーニチップス

【アップル】

材料（オーブンパン1枚分）

りんご……1/2個
シナモンパウダー……適量

作り方

1 りんごを皮ごと薄くスライスし、水分をよく取り除く。

2 オーブンパンにクッキングシートを敷き、重ならないように並べる。

3 160度のオーブンで約40分焼く。

4 冷ましてからシナモンパウダーを適量かける。

【ズッキーニ】

材料（オーブンパン1枚分）

ズッキーニ……1本
オリーブオイル……小2
シーソルト……少々
パプリカパウダー……少々

作り方

1 ズッキーニを薄くスライスし、水分をよく取り除く。

2 ボールに全ての材料を入れて絡める。

3 オーブンパンにクッキングシートを敷き、重ならないように並べる。

4 180度のオーブンでズッキーニが薄茶色になるまで20分以上焼く。

ココがPaleo! 余計なものは一切使わない安心安全の手作りチップス。

RECIPE 14

シーソルトの塩味とさつまいもの甘さがベストマッチ

スイートポテトフライ withローズマリーソルト

材料（約200g分）

	さつまいも	1本
	ココナッツオイル	大1
A	ローズマリー（刻み）	大1
A	シーソルト	適量

作り方

1 さつまいもを1cm角のスティック状に切る。

2 フライパンにココナッツオイルを入れて中火で片面を焼く。

3 焼き色がついたら裏返し、Aを加えて火が通るまで焼く。

ココがPaleo! 酸化に強いココナッツオイルで焼くヘルシーポテトスナック。

素材を活かしたサクサク食感

RECIPE 15

りんごとさつまいものハッシュ

材料（1〜2食分）

りんご……1/2個
さつまいも……1/2本
ココナッツオイル……大1/2

Ⓐ
はちみつ……小1/2
ごま……適量
シナモンパウダー……適量
シーソルト……ひとつまみ

作り方

1 りんごとさつまいもを皮ごと1cm角の角切りにする。

2 フライパンにココナッツオイルをひき、**1**を入れて炒める。

3 火を止め、Ⓐを全て入れて絡める。

ココがPaleo! 食物繊維がたっぷりで便秘予防効果大。はちみつなしでもGood。

RECIPE 16

こっくりとしたまろやかな甘さ

かぼちゃエッグプリン

材料（15cm×15cm型分）

かぼちゃ（皮なしペースト状）	120g
卵	2個
アーモンドミルク	80ml
はちみつ	30g
バニラエクストラクト（なくてもOK）	小1/2

作り方

1 全ての材料をボールに入れ、泡立たないようによく混ぜる。

2 耐熱容器に流し込み、170度のオーブンで約40分焼く。

ココがPaleo! 卵とかぼちゃメインで栄養価満点。乳製品、白砂糖は不使用。

RECIPE 17

ココナッツの甘い香りが優しい

ココナッツパンプキン

材料（約300g分）

かぼちゃ……1/4個（約300g）
ココナッツオイル……大1

Ⓐ
- シナモンパウダー……適量
- ココナッツファイン……適量
- シーソルト……適量

作り方

1. かぼちゃを皮つきのままスライスする。
2. フライパンにココナッツオイルをひき、片面に焼き色がつくまで焼く。
3. 裏返して火が通るまで焼き、Ⓐをトッピングする。

ココがPaleo! かぼちゃとココナッツの抗酸化パワーをフライパン1つで。

RECIPE 18

甘さ控えめの上品な味わい

パンプキンスパイス団子

材料（団子4本分）

〈 かぼちゃあん 〉

かぼちゃ（皮なしペースト状）……100g

Ⓐ
- メープルシロップ ……大1/2～（かぼちゃの甘さで調整）
- アーモンドミルク……小1～（かぼちゃの水分で調節）
- シナモンパウダー ……適量

〈 団子 〉

上新粉……100g

熱湯 ……95ml

作り方

〈 かぼちゃあん 〉

1 かぼちゃを柔らかくなるまで温め、フォークなどでつぶしてペースト状にする。

2 **1**をボールに取り出し、Ⓐの材料を加えて混ぜる。

〈 団子 〉

1 上新粉を熱湯と合わせてよくこねる。

2 **1**を4等分にし、20分間蒸す。

3 **2**をボールに戻し、手に水をつけながらさらによくこねる。

4 一口大に分けて串にさし、かぼちゃあんをのせる。

ココがPaleo! お米の手作り和菓子。シナモンスパイスは老化防止効果も。

RECIPE 19

さつまいも本来の甘みが活きた

ココナッツスイートポテト

材料（約5個分）

さつまいも（皮なしペースト状）……… 200g
ココナッツバター（柔らかい状態）… 大1+1/2
シーソルト ……… ひとつまみ
卵黄 ……… 1/2個

※さつまいもの水分量で、ココナッツバターの量を調整してください。

作り方

1 温かい状態のさつまいもに、卵黄以外の全ての材料を加えて混ぜる。

2 ラップなどで形を整え、アルミホイルにのせ、卵黄を表面に塗る。

3 オーブントースターで焼き色がつくまで焼く。

ココがPaleo! 乳製品、砂糖不使用。素朴なさつまいもおやつ。

郵 便 は が き

141-8205

おそれいりますが
切手を
お貼りください。

東京都品川区上大崎3-1-1

株式会社CCCメディアハウス

書籍編集部 行

■ご購読ありがとうございます。アンケート内容は、今後の刊行計画の資料として利用させていただきますので、ご協力をお願いいたします。なお、住所やメールアドレス等の個人情報は、新刊・イベント等のご案内、または読者調査をお願いする目的に限り利用いたします。

ご住所	□□□-□□□□　☎　－　－		
お名前	フリガナ	年齢	性別
			男・女
ご職業			
e-mailアドレス			

※小社のホームページで最新刊の書籍・雑誌案内もご利用下さい。
http://www.cccmh.co.jp

愛読者カード

■本書のタイトル

■お買い求めの書店名（所在地）

■本書を何でお知りになりましたか。

①書店で実物を見て　②新聞・雑誌の書評（紙・誌名　　　　　　　　　　）

③新聞・雑誌の広告（紙・誌名　　　　　　　　）　④人（　　　）にすすめられて

⑤その他（　　　　　　　　　　　　　　　　　　　　　　　　　　　　　）

■ご購入の動機

①著者（訳者）に興味があるから　②タイトルにひかれたから

③装幀がよかったから　④作品の内容に興味をもったから

⑤その他（　　　　　　　　　　　　　　　　　　　　　　　　　　　　　）

■本書についてのご意見、ご感想をお聞かせ下さい。

■最近お読みになって印象に残った本があればお教え下さい。

■小社の書籍メールマガジンを希望しますか。（月２回程度）　はい・いいえ

※ このカードに記入されたご意見・ご感想を、新聞・雑誌等の広告や
弊社HP上などで掲載してもよろしいですか。

はい（ 実名で可 ・ 匿名なら可 ）　・　いいえ

RECIPE 20

アーモンドがふんわり香る

アーモンドパンケーキ

材料（約4枚分）

- アーモンドフラワー …… 1カップ
- アーモンドミルク …… 1カップ
- 卵 …… 1個
- シーソルト …… ひとつまみ
- ベーキングパウダー（なくてもOK） …… 小1/2
- バニラエクストラクト（なくてもOK） …… 小1/2
- ココナッツオイル …… 適量

作り方

1 ココナッツオイル以外全ての材料を滑らかになるまで混ぜ合わせる。

2 フライパンにココナッツオイルをひき、中火で両面焼く。

※P75のパレオクリームチーズやチアラズベリージャムと合わせるとさらに美味しく食べられます。

ココがPaleo! 食物繊維豊富なアーモンドフラワー100%のパンケーキ。

RECIPE 21

生地の中のバナナがしっとり美味しい

バナナブレッド

材料(18cmパウンド型分)

Ⓐ
- 卵……2個
- ココナッツオイル……1/2カップ
- バニラエクストラクト(なくてもOK)…小1

Ⓑ
- アーモンドフラワー……2カップ
- ベーキングパウダー(なくてもOK)…小1
- シナモンパウダー……小1/2

- バナナ(すり潰し)……2+1/2本
- バナナ(スライス)……1/2本

作り方

1 ボールにⒶの材料を入れてよく混ぜる。

2 混ぜ合わせたⒷの材料を**1**に加えて混ぜる。

3 **2**にすり潰したバナナを加えて軽く混ぜ、型に流し込み、スライスしたバナナを上にトッピングする。

4 180℃のオーブンで35分程焼く。

ココがPaleo! 甘さはバナナのみ。小麦、乳製品不使用のナチュラルブレッド。

BANANA BREAD

＼パレオクリームチーズを
のせても美味しい!／

RECIPE 22

しっとりとした焼き上がり

ブルーベリーマフィン

材料(約8個分)

Ⓐ
- 卵 …… 2個
- ココナッツオイル …… 大1+小2
- ココナッツミルク …… 1/2カップ
- メープルシロップ …… 大1+小2
- バニラエクストラクト(なくてもOK) …… 小1

Ⓑ
- アーモンドフラワー …… 100g
- 重曹(なくてもOK) …… 小1/8
- シーソルト …… ひとつまみ

ブルーベリー …… 1/2カップ(60g)

作り方

1. ボールにⒶの材料を入れ、滑らかになるまで混ぜ合わせる。
2. 混ぜ合わせたⒷの材料を**1**に入れ、よく混ぜる。
3. **2**にブルーベリーを加えて型に流し、170度のオーブンで約25分焼く。

※P75のパレオクリームチーズと合わせるとさらに美味しく食べられます。

ココがPaleo! 小麦粉不使用。抗酸化作用の高いブルーベリーがたっぷり。

RECIPE 23

にんじんとレーズンのヘルシーな関係

キャロットケーキ

材料（15cmケーキ型分）

A
- 卵 …… 2個
- ココナッツオイル …… 1/4カップ
- はちみつ …… 大1
- バニラエクストラクト（なくてもOK）…… 小1

B
- にんじん（すりおろし） …… 1カップ
- レーズン …… 40g

C
- アーモンドフラワー …… 1+1/2カップ
- シナモンパウダー …… 小1
- 重曹（なくてもOK） …… 小1/2

作り方

1 ボールにAの材料を入れ、混ぜ合わせる。

2 1にBの材料を加えて混ぜる。

3 混ぜ合わせたCの材料を2に入れ、ヘラで混ぜる。

4 ケーキ型に流し、170度のオーブンで約30分焼く。

※P75のパレオクリームチーズと合わせるとさらに美味しく食べられます。

ココがPaleo! カロテン豊富なにんじんを使用した甘さ控えめ栄養おやつ。

RECIPE 24

爽やかでみずみずしい酸味

寒天グミゼリー

材料(約12個分)

- 寒天パウダー …… 大1/2
- 水 …… 150ml
- はちみつ …… 大2
- レモン(or オレンジ)果汁 …… 大2

ココがPaleo! 食物繊維豊富な寒天使用。レモン&オレンジはビタミン補給に。

作り方

1 鍋に寒天パウダーと水を入れ、火にかけ沸騰させる。

2 火を弱め、混ぜ溶かしながら約2分煮る。

3 はちみつを加えて溶かし、火を止め、レモン(orオレンジ)汁を加えて混ぜる。

4 型に流し、冷蔵庫で冷やし固める。

RECIPE 25

フルーツやナッツが大満足の食べ応え

パレオグラノーラボウル

材料(1食分)

〈 スムージー 〉

お好みの冷凍ベリー …… 1カップ
バナナ …… 1本
アーモンドミルク …… 大3+小1
ココナッツミルク …… 大3+小1
カカオパウダー …… 大1+小2

〈 グラノーラ 〉

お好きなナッツ(砕いた状態) …… 大1
カカオニブ …… 大1/2
ココナッツチップ …… 大1/2
ゴジベリー …… 大1/2
松の実、かぼちゃの種、ひまわりの種など …… 大1/2(お好きな組み合わせでOK)

〈 トッピング 〉

お好みのフルーツ

作り方

1 スムージーの材料全てをミキサーに入れ、撹拌する。

2 1を器に入れ、グラノーラの材料とお好みのフルーツをトッピングする。

※スムージーの代わりにP93のアーモンドミルクを使用することもできます。

ココがPaleo! 穀物不使用パレオならではの栄養満点グラノーラ。

RECIPE 26

キウイのキリっとした酸味が朝にぴったり

アボカドGreenスムージー

材料（1杯分）

ケール……2/3カップ（約15g）
キウイフルーツ……1個
アボカド……1/2個
アーモンドミルク……1/2カップ
氷……1/4カップ

作り方

全ての材料をミキサーに入れ、滑らかになるまで撹拌する。

ココがPaleo! 美容効果に嬉しい4つの材料のスムージー。栄養バランス◎。

RECIPE 27

卵とフルーツのまろやかな甘み

エッグプロテインシェイク

材料（1杯分）

卵……1個
ココナッツミルク……1/2カップ
お好みの冷凍ベリー……1/2カップ
バナナ……大1本

作り方

全ての材料をミキサーに入れ、滑らかになるまで撹拌する。

※ココナッツミルクの代わりにP93のアーモンドミルクを使用することもできます。

ココがPaleo! 最高値レベルのアミノ酸、加工度ゼロの生プロテインドリンク。

RECIPE 28

ほっこりあたたまる

ゆずハニー茶

材料（1瓶分）

ゆず……1個
はちみつ……ゆずが浸る程度（約1/3カップ）

※紅茶に入れるなど、ジャムとしても使用できます。

作り方

1 ゆずを粗塩でよく洗い、4等分にして皮の白わたを除く。

2 種を取り除き、密封できる容器に果汁を絞り出す。

3 残りを皮ごと細かく刻み、**2**に加え、はちみつを瓶に浸る程度入れる。

4 飲む前にお湯で薄める。

ココがPaleo! 白砂糖不使用。血行を良くするゆずは冷え対策に。

RECIPE 29

料理に大活躍! そのまま飲んでもOK

アーモンドミルク

材料（1杯分）

アーモンド……1カップ（120g）
水……500〜700ml

※ガーゼに残ったアーモンドのカスは中火で煎るとアーモンドフラワーとして使用できます。
※水を多めに入れるほどサラサラに仕上がります。
※アーモンド以外のナッツでも作れます。

作り方

1 アーモンドをたっぷりの水に浸し、一晩寝かす。

2 水を切り、ブレンダーに入れ、水を徐々に加えて滑らかになるまで撹拌する。

3 ガーゼなどでミルクをこす。

ココがPaleo! 原材料はナッツのみ。食物繊維、ビタミン&ミネラルの補給にも。

RECIPE 30

りんごの果肉がしっかり入った

アップルレモネード

材料(1杯分)

りんご(すりおろし) …… 大1
レモン汁 …… 1個分(約50ml)
はちみつ …… 大1
熱湯 …… 100ml

※ホットの場合は、氷を入れずにお湯を200mlにして作る。
※レモン汁の代わりにアップルビネガー(大さじ1)を入れてもOK。

作り方

1 カップにお湯を注ぎ、全ての材料を混ぜる。

2 氷をいっぱいに入れたグラスに**1**を注いで混ぜる。

ココがPaleo! りんご&はちみつの効果で抗菌作用や腸内環境の改善に。

Chapter 4

Paleo Dumbbell Workout

1日10分ダンベルワークアウト

パレオ式のワークアウトでは、
ボディーパーツごとに鍛えて見た目だけの美しさを
求めるのではなく、日常生活で行う実用動作別に全身を
バランスよく鍛えることで、実際に使える筋肉と、
強い肉体美、そして美しさにさらに磨きをかける精神力を
手に入れていきます。

筋トレ初心者こそ
最短で効果が出るダンベルワークアウト!!

ダイエット経験のあるほとんどの女性のみなさんは、自宅でＤＶＤを見ながらエクササイズに励んだり、ジムに通ってみたりと、何かしらの運動経験があるかと思います。

これを聞いて「そういえば！」と、かつて買ったことのある１～２kgのダンベルが埃をかぶってどこかに眠っている……と思い出す方は少なくないのではないでしょうか？

今日からは、ダンベルに埃をかぶらせない、効果を実感できるからこそ継続できるワークアウトを行い、引き締まったグラマラスボディを手に入れる方法を学んでいきましょう！

ダンベルを使った運動は、負荷をかけて行うウエイトトレーニングです。自分の体重のみを使って行う自重のトレーニングの方が簡単で初心者向けと思われがちですが、実はこれは間違った思い込みです。

筋肉に〝刺激〟を与えてこそ、美しい筋肉ができる

わかりやすい例として質問です。

【腕立て伏せができますか？】

筋力トレーニングの経験のない女性で、うつ伏せで床に胸をつけた状態から体をそることなく綺麗に押し上げられる人はそんなに多くないはずです。それとは反対に、スクワットなどの下半身の運動は自重で問題なくできる、という方が多い傾向にあります。

要するに自重のトレーニングによっては、自分の体重の負荷が大きすぎる場合がある、ということです。例えば、体重が50kgの女性なら腕立て伏せの負荷は約30kg。初心者なら重すぎるのも当然ですね。そしてスクワットでは逆に自重だけでは負荷が小さすぎて、筋肉に刺激を与えないため筋肉が育たないという問題も起こります。

ダンベルを使ったウエイトトレーニングなら、1kg単位で負荷をコントロールすることが可能となるため、自重では重すぎた負荷を軽くし、逆に自重では軽すぎた負荷を重くしてトレーニングを行うことが可能です。それによって効率良く成果へと確実に導いてくれるのです。

パレオ式ダンベルワークアウトで手に入るもの

1 美しい筋肉

ウエイトトレーニングで全身をバランス良く鍛えることで、美しい筋肉を効率よくつけることができます。引き締まったメリハリのあるグラマラスボディに筋肉は欠かせません。また同時に骨を強化させ、病気や怪我を引き起こさない丈夫な体を作ります。日常生活での筋肉を使う動作も格段に楽になるはずです。

2 食べても太りにくい体

筋肉が増えると代謝がアップするので、食べても太りにくい体を手に入れることができます。筋肉を作ろうとする過程でたくさんのエネルギーを消費し、たくさん食べてもちゃんと脂肪を燃やしてくれる嬉しいサイ

Benefits from the workout

クルが生まれるのです。

3 アンチエイジング効果

「筋トレがキツい！」と感じるときにこそ、女性に嬉しい若返りホルモンが分泌されます。お肌のハリや体のむくみ解消などのアンチエイジング効果で若々しさを保ってくれます。やった分だけちゃんと美のご褒美が得られるなら頑張れますよね！

4 自己肯定感

筋トレの時間は自分自身と向き合う時間でもあります。目標に向かって筋トレを頑張った自分を誇りに思うことは、おのずと自信へと繋がります。筋トレでもっと好きな自分を手に入れましょう！

5 心身を良好に保つ相乗効果

運動がもたらす効果は何よりもポジティブなモチベーションです。不眠やうつ、ストレスなども改善に導いてくれるので、心身共に健康な毎日を送ることができ、全てを良い方向へと導いてくれることでしょう！

1畳でできる「家ジム」の作り方

ウエイトトレーニングはやってみたいけど、ジムに通う時間や余裕がないという方へ、1畳のスペースで簡単に作れる家ジムの作り方をご紹介します。家ジムがあれば、好きな時間に手軽にワークアウトができ、ウェアや着替えの心配がいりません。ワークアウトの時間も1回10分程度ですから、面倒くさがりやさんや、忙しい方にぴったりです。

ダンベル選びについては103ページで詳しくご説明しますが、大小2つのダンベルを用意してください。1~2kgのダンベルなら持っている方も多いかもしれませんが、このプログラムにおいては、その重さのものは使用しません。ウォームアップのために使用するには良い重さですが、効果を最短で発揮させるウエイトトレーニングでは、軽すぎて筋肉に与える刺激が足りなくなってしまいます。

家ジムの作り方

STEP 1 部屋に1畳分の固定スペースを確保する。

STEP 2 ヨガマットまたはバスタオルを床に敷く。

STEP 3 マット上から手の届く位置に、用意したダンベルやノートなどを置く。

用意するもの

- ヨガマット（バスタオルでも可）
- ダンベル2種類
- タオル
- 時計
- ノートとペン
- 水（長時間運動する場合）

ダンベル落下時の怪我防止のために室内履きも用意すると良いでしょう。
靴でなくても、スリッパや厚手の靴下でも代用できます。
ノートは毎回のワークアウトを記録するために準備します。

自分に合ったダンベルの選び方

ダンベル(小)

How to choose my dumbbell

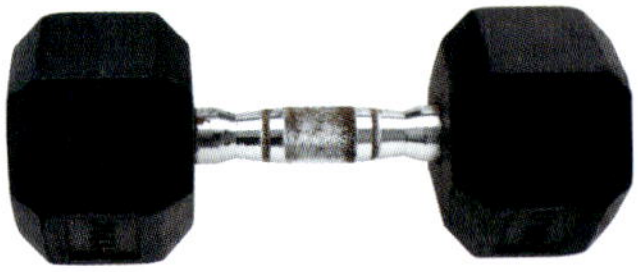

ダンベル(大)

効果を最短で発揮するウエイトトレーニングでは、その人の筋力に合った適切な重さのダンベルを選ぶことが重要です。

筋肉も骨も、その負荷によるストレス、そしてダメージを受けてこそ再生しようとして育ちます。すなわちキツイと思うくらいの適度な負荷が必要になるのです。

筋肉を鍛えるために適切な負荷はそれぞれの動きによって異なるため、ワークアウトの種類によって大小2つの重さのダンベルを使い分けます。まずはダンベル選びのセルフテストを行い、それぞれ自分に合った適度な重さを見つけることから始めましょう。

自分に合う重さがわかったら、ダンベルはAmazon、Rakuten、Yahoo!ショッピングなどで手軽に購入できますよ。

ダンベル選びセルフチェックテスト

トートバッグに重りを入れ、まずは4kgの重さを作ります。以下のテストをしながら徐々に重さを足していき、体幹がぶれずに6～7回ギリギリ行えるくらいの重さがあなたの適正ウエイトです。

大きめの
トートバッグ

重りになるもの
（水を入れたペットボトルなど）

TEST 1 ダンベル（小）の適正ウエイトを知る

①お腹を引き締め胸を張り、4kgのバッグを片手で肩の高さに持つ。

②バッグを肘が伸びきるまで頭上に上げ、肩甲骨を引き締める。

これを右手、左手のそれぞれで16回ずつできるかチェックする。4kgをクリアしたら、6～7回ギリギリ上げられるくらいの重さまで徐々に重さを足していく。

注意！

持ち上げるときに体幹がぶれてしまうのは重すぎる証拠です。体幹がぶれずに真っ直ぐな状態で上げられる適正ウエイトを見つけましょう。

TEST 2 ダンベル（大）の適正ウエイトを知る

① 4kgのバッグを両手で胸の前に持ち、足を肩幅に広げる。

②腰を後ろに引き、お尻を膝より下の位置まで下げ、立ち上がる。

②のとき、膝はつま先と同じ方向に曲げ、つま先より前に出ないように体重をかかとの方に置いて行う。これを16回できるかチェックする。4kgをクリアしたら、6～7回ギリギリ行えるくらいの重さまで徐々に重りを足していく。

注意！

体幹を引き締め、背中を丸めずにフラットな状態で常に動作しましょう。

※4kgが重すぎる場合はウエイトを軽くして行ってください。

WARM-UP

ダンベルワークアウトの前に行うストレッチ

ダンベルワークアウトに使用する道具がそろったところで、いよいよ体を動かしていきますが、まずはダンベルを持たずに全身を伸ばす4種類のストレッチを行いましょう。

運動前のストレッチは体を温めて血流を良くすると共に、筋肉と関節の可動域を広げて運動の効果を最大限に引き出します。また怪我の防止にもなるので必ず行うようにしましょう。

運動後や運動をしない日にもストレッチを行うと、血行が良くなり、疲労回復を促します。美しい筋肉を作るためにも回復させることは重要ですので、できる限り行うようにしましょう。

《 ストレッチのやり方 》

- 全ての動作を**5回繰り返し**行いましょう。
- 運動前のウォームアップは
1つずつの動作を2〜3秒ずつ行う。
- 運動後のクールダウンは
1つずつの動作を10秒くらいかけてゆっくり行う。

STRETCH 1

Reach & Bend

リーチ&ベンド

1. 足を腰幅に開いて立ち、両手を天井に上げて体を反らす。
2. 背中を丸めて上半身を前傾させる。
3. 両手を床につける(膝は曲げてもOK)。

STRETCH 2

Inchworm & Plank

インチワーム&プランク

1. 足を腰幅に開いて立つ。
2. 両手を床につけ、手で歩くように前方へ移動する。
3. 体が伸びきったら同じ要領でスタート地点に戻る。

STRETCH 3

Peak & Valley

ピーク&バリー

5セット

1 足を腰幅に開いてうつ伏せになり、両手のひらを胸の横の位置につける。

2 両手を軸にして上半身を反らしながら胸を開く。

3 両手を軸にして腰を持ち上げ、かかとの方に体重を移動させる。

STRETCH 4

Lunge & Twist

ランジ&ツイスト

左右
各5セット

1 左足を一歩前に出し、左肘を足の内側の床につける。

2 右手を床につけ、肩・胸を広げる。

3 左手を天井に向けて真っ直ぐに伸ばす。

BASIC POSTURE

基本の姿勢

全てのワークアウトは、基本の姿勢からスタートします。基本の姿勢では体幹を引き締め、背筋の通った美しい姿勢を作り、この姿勢を常に基本とすることでトレーニングの質を上げます。また正しい姿勢での運動は怪我の防止にも繋がるのでしっかり身につけましょう。

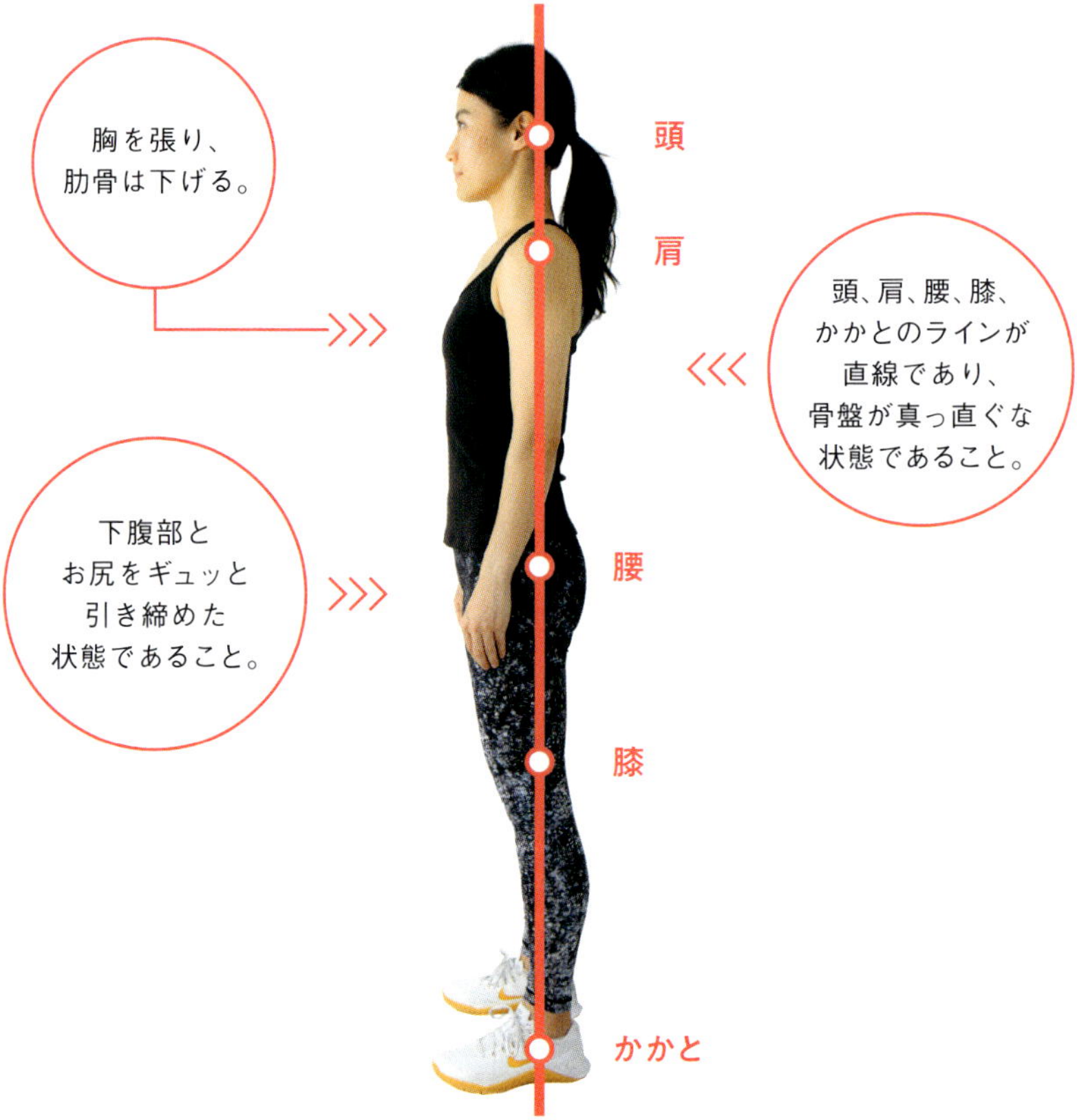
胸を張り、
肋骨は下げる。
下腹部と
お尻をギュッと
引き締めた
状態であること。
頭
肩
腰
膝
かかと
頭、肩、腰、膝、
かかとのラインが
直線であり、
骨盤が真っ直ぐな
状態であること。

この姿勢はNG!

背中が反っている

〈 骨盤が外側に反っている状態 〉

背中が丸まっている

〈 骨盤が内側に入っている状態 〉

この２つの状態では強い体幹が作れず、ダンベルを効率よく扱えません。また間違った筋肉の動かし方を招き、怪我の原因となります。

ワークアウトの注意点

- **運動前後の水分**はしっかり摂りましょう。
- 無理をせず、**自分に合った適正ウエイト**で行いましょう。
- まずはじめに**ダンベルのない状態**で動作の確認を行いましょう。

workout 01

PUSH 押す

For Upper Body … 胸、肩、腕（上腕三頭筋）

右左
各7回×
2セット

プレス

ダンベル（小）を使う

1. ダンベルを片手で肩の位置に持ち、基本の姿勢（P108）を作る。
2. 体幹がぶれないように、ダンベルを肘が伸びきるまで頭上にゆっくりと真っ直ぐ上げる。
3. ゆっくり①の姿勢に戻る。

POINT

- 動作中は体幹を常に引き締め、体がぶれないように行う。
- ダンベルが頭上にあるときに、肘を真っ直ぐに伸ばし、肩甲骨を引き締める。

右左
各7回×
2セット

フロアプレス

ダンベル（小）を使う

1. 膝を立てて仰向けになり、ダンベルを片手で持ち腕が床と垂直になるように曲げる。脇は45度開き、基本の姿勢（P108）を作る。
2. ダンベルを肘が伸びきるまで肩の真上にゆっくり上げる。
3. ゆっくり①の姿勢に戻る。

POINT

- 動作中は体幹を常に引き締め、体がぶれないように行う。
- 肘が伸びきった際は肩甲骨を引き締め、ダンベルは肩の真上にあるように。
- 体と床の間に隙間を作らない。

workout 02

PULL 引く

For Upper Body … 背中、腕（上腕二頭筋）

右左
各7回×
2セット

アップライトロウ

ダンベル（小）を使う

1. ダンベルを片手に持ち、肘が伸びた状態で基本の姿勢（P108）を作る。
2. 肘を横に引きながら、ダンベルを胸の位置までゆっくり上げる。
3. ゆっくり元の姿勢に戻る。

POINT

- 動作中は体幹を常に引き締め、体がぶれないように行う。
- 胸を張り、肩の位置が前に出ないように注意する。
- 肩を上げるのではなく、肘を横へ引いてダンベルを上げる。

右左
各**7**回×
2セット

ベントオーバーロウ

ダンベル（小）を使う

1. 右手にダンベルを持ち、左足を一歩前に出して左肘をのせる。上半身は基本の姿勢（P108）を作る。
2. 肘を後ろに引きながら、ダンベルを胸から腰の位置までゆっくり引き上げる。
3. ゆっくり元の姿勢に戻る。

POINT

- 動作中は体幹を常に引き締め、体がぶれないように行う。
- 胸を張り、肩の位置が前に出ないように注意する。
- 肩を上げるのではなく、肘を後ろへ引いてダンベルを上げる。

workout 03

LIFT 持ち上げる

For **Lower Body** … ハムストリング（ももの裏）、大殿筋（お尻）、脊柱起立筋

ルーマニアンデッドリフト

ダンベル（大）を使う

7回×2セット

1. 両手でダンベルを持ち、足を腰幅に広げ、基本の姿勢（P108）を作る。
2. 背中が曲がらないように気をつけながら、膝を軽く曲げ、腰を後ろに引き、ダンベルを徐々に下げられる位置までゆっくり下ろす。
3. ダンベルが体の近くをなぞるようにゆっくり上げ、①の姿勢に戻る。

POINT

- 背中は絶対に丸めない。
- ダンベルは常に体の近くをなぞるように動かす。
- ももの裏とお尻に効かせることを意識する。
- 膝を前に出さず、すねが真っ直ぐな状態を常に保つ。

①

②

7回×
2セット

ヒップフロスト

ダンベル（大）を使う

1 仰向けになり、ダンベルの両端を持って腰の位置に置く。

2 ダンベルを手で支えながら、腰を膝の位置まで上げる。

3 ゆっくり①の姿勢に戻る。

POINT

- 体幹を常に引き締めながら、お尻ともも の裏に効かせることを意識する。
- ②のとき、お尻をギュッと引き締める。
- 腰を膝より高く上げない。

workout 04

SIT&STAND 座る・立つ

For **Whole Body** … コア、ももの表・裏、大殿筋（お尻）、脊柱起立筋

7回×2セット

ゴブレットスクワット

ダンベル（大）を使う

1. ダンベルを胸の位置に持ち、足を肩幅に開き基本の姿勢（P108）を作る。
2. かかとに重心を置き、腰を後ろに引きながらお尻を下げる。
3. お尻が膝の下まで来たら、お尻ともものの裏を使うことを意識して立ち上がる。

POINT

- ◆背中は絶対に丸めない。
- ◆常に体幹を引き締めながら、胸を上げて行う。
- ◆膝がつま先より前に出ないようにかかとに重心を置く。
- ◆膝は内側に入らないように常につま先と同じ方向に動かす。

右左
各7回×
2セット

ランジ

ダンベル（大）を使う

① ダンベルを片手で肩の位置に持ち、基本の姿勢（P108）を作る。

② 左足を一歩前に出して右足の膝を床につける。このとき、左足の膝はかかとの真上に位置する。

③ 右ももの裏を意識しながら立ち上がり、①の姿勢に戻る。

POINT

- 常に体幹を引き締めながら、体がぶれないように動く。
- お尻とももの裏を意識して行う。
- 膝に力を入れないように注意する。

One week program

パレオ式ダンベルワークアウト
1日10分 1Weekプログラム

やればやるほど効果が見えるワークアウトですが、あまりハードにやりすぎると長続きしないものです。最初はゆる〜く、ストレッチと2つくらいのワークアウトを選んで毎日10分程度の運動から始めてみるのが良いでしょう。サンプルとして1週間のメニューを組んでみたので、参考にしてくださいね。

Mon

ウォームアップストレッチ4種 ……… ×**2**セット（P105〜107）
プレス ……… 右左各**7**回×**2**セット（P110）
ルーマニアンデッドリフト ……… **7**回×**2**セット（P114）
クールダウンストレッチ4種 ……… ×**2**セット（P105〜107）

▼

Tue

ウォームアップストレッチ4種 ……… ×**2**セット（P105〜107）
アップライトロウ ……… 右左各**7**回×**2**セット（P112）
ゴブレットスクワット ……… **7**回×**2**セット（P116）
クールダウンストレッチ4種 ……… ×**2**セット（P105〜107）

▼

Wed

ストレッチ4種のみ ……… ×**5**セット（P105〜107）

Thu

ウォームアップストレッチ 4 種 …… × **2** セット（P105～107）
フロアプレス …… 右左各 **7** 回 × **2** セット（P111）
ヒップフロスト …… **7** 回 × **2** セット（P115）
クールダウンストレッチ 4 種 …… × **2** セット（P105～107）

▼▼▼

Fri

ウォームアップストレッチ 4 種 …… × **2** セット（P105～107）
ベントオーバーロウ …… 右左各 **7** 回 × **2** セット（P113）
ランジ …… 右左各 **7** 回 × **2** セット（P117）
クールダウンストレッチ 4 種 …… × **2** セット（P105～107）

▼▼▼

Sat & Sun

Active Rest Day
……ウォーキングやヨガ、ストレッチ（P105～107）など

〈 週 2 回のみ行うコース 〉

月、火のプログラムを 1 日に、木、金のプログラムを 1 日にまとめ、1 ～ 2 日間の Rest Day を挟んで行ってください。

〈 レベル UP コース 〉

2 週目から 3 セット、3 週目から 4 セット、4 週目から 5 セットと増やします。5 週目からは 2 セットに戻し、今度は回数を 7 回から 8 回、9 回と毎週増やします。徐々にダンベルの重さも上げていきましょう。

※このプログラムは初心者～中級者向けですが、
自分のレベルに合わせて無理のないように行ってください。
怪我や持病のある人は、医療機関にて健康状態をチェックしてから行ってください。

What is CrossFit?

さらに鍛えたい人におすすめ!
クロスフィットとは?

家ジムでのワークアウトに慣れ、ジムに行く時間がある人におすすめのクロスフィットをご紹介します。

私はクロスフィットトレーナーとしても活動していますが、これ程パレオの考えと相性の良い運動はないと実感しています。

クロスフィットは、パレオ式ワークアウトと同じく実用的運動を基本に、高い運動強度で行うことで成果を出すアメリカ発祥のフィットネススポーツです。2001年にグレッグ・グラスマンによって始まりました。

ウエイトリフティング、自重の体操運動、心肺トレーニングを様々な方法で行い、生きていく上でもどんなスポーツをするにもベースとなる運動能力を身につけていく、本当の意味での「フィットネス」を手に入れる方法です。

よく使っている「フィットネス」という言葉。「どういう意味?」と聞かれて答えられるでしょうか?

ジムの会員さんにこの質問をすると、ほとんどのみなさんは「健康であるということかな?」とおっしゃいます。では健康を意味する「ウェルネス」と「フィットネス」はどのように違う言葉なのでしょうか?

結論を言うと、フィットネスというのは、健康であることではありません。健康を超えた、病気から一番遠い位置に存在します。そしてフィットネスであるということは、日常生活やスポーツを含めた、あらゆる運動を何でもこなせるということです。それは例えば原始人のように、走っては矢を投げ、狩りをし、重たい獲物を持ち上げ、長い距離を運ぶなど、生きる上で欠かせない全ての運動能力を命の限り長く保つことこそが、生涯における真のフィットネスであるということです。

人生は様々な出来事が予期せずに起こり続けるものです。原始時代に比べれば、現代の豊かさと安全さは比べ物にはなりませんが、地球上に住み、自然と共存している限り、サバイバルな環境に絶対にならないとは言い切れません。

クロスフィットはそんな真のフィットネスを手に入れる方法であり、野性的な本能を呼び覚ますかのように、原始的な美を開花させる1つの方法でもあります。

※ CrossFit® は CrossFit,Inc の登録商標です。

Conclusion

My Paleo Life Journey

足りなかったものはこれでした。パレオな生活で取り戻した本来の自分

30歳になる直前のこと、私はカナダのカルガリーへ旅立ちました。目的はあったのですが、それは「人生の目的を探す」といった何ともふわっとした理由でした。23歳頃から私はひたすら働いてお金を貯めながら、やりたいことは何でもとりあえず経験し、いつか自分にしかできない何かを必ず見つけるとずっと思っていたのです。

カナダでの生活にも慣れ2年を迎えようとしていた頃、海外生活で必要な就労ビザをもらっていた職場から、突然の解雇宣告をされました。これをきっかけに体調を崩し、私をとりまく全てのものが1つずつガタガタと崩れ始めていきました。

当時の私は栄養に無頓着で、不摂生な生活を送っていたため、疲れや怠さ、食後の眠気、そして吹き出物を隠すためのお化粧は欠かせない毎日でした。今思うと栄養の乏しさが負のスパイラルの全ての始まりだったと確信しています。体が悲鳴をあげた状態では、簡単に心を壊し、それと戦う気持ちも失うのです。

日本への帰国を余儀なくされたとき、私はこの2年間何も見つからな

かった虚しさに押し潰されてしまいました。そして不調も続く中、次々に重なる負のスパイラルにどっぷりはまり、パートナーとも決別し、何よりも心の拠り所としていた愛犬の死や、そして貯金ゼロの職なし生活。それはもう相当落ち込み、気が付いたら外へ出ることもできず、理由もなく涙が流れる日々を過ごしました。

日本だろうが海外だろうが、私は私であって何も変わるはずがないのに、環境の変化に「何かが変わる」と過度な期待をし、環境や人任せの甘い考えを抱いていたのです。過度な期待が現実とのギャップを生み、自分で自分を苦しめてしまったのでしょう。

そんなある日のこと、クロスフィットの大会に出場するという友人に大会を見にこないかと誘われたのです。私は正直全く興味がありませんでした。「そもそもクロスフィットって一体何？」というレベルだったので、迷いなく断りました。しかし、全てはなるべくしてなると改めて思うのですが、引きこもりで理由なく涙を流している私が、どういうわけだか大会の現地へ足を運んだのです。しかも東京から遠く離れた南国沖縄の地へ。

そこで受けた衝撃はまさに全身に水をかけられたかのようでした。「自分は彼らアスリート達のように限界を越える程の挑戦を経験したことがあっただろうか？」何不自由のないこんなに幸せな人間が、なぜ立ち止まっているのかと、厳しく活を入れられたかのようでした。

彼らは私に挑戦することの本当の意味を教えてくれたのです。私はまだ何一つ努力していない。やってみてダメだったのではない、まだ何もやっていないのだ。一気に視界が開けました。

２０１１年、それから私は当時東京で唯一だったChikara クロスフィットジムに即座に入門。同時にジムにあったRobb Wolfの著書『The Paleo Solution』に感銘を受け、パレオライフがスタートしたのです。

好きなもの、興味のあるものは教えられるのでなく、自ら学ぶものです。私がこんなに勉強が好きだったとは、新しい自分の発見でした。

パレオダイエットの実践、研究を進めるにつれ、その驚くべき効果と

Let's start
Paleo Snack Diet

共に、人間の本来持つエネルギーを徐々に取り戻していきました。食べるものが与えるエネルギーは、ただ手や足が動くためのものではなく、脳や心、ホルモンの全てを動かすパワーなのだと実感し、その偉大なる力に毎日包まれています。

この衝撃によって改心ができたのは幸せなことでした。

この気づきがなければ、重大な病気になっていたかもしれません。疲れや怠さは、些細なことに見えて、実はれっきとした不調のサインです。これを見過ごして健康だなんて思っていたら要注意です。それを取り除けば、より素晴らしい毎日が必ずあるのですから！

パーフェクトである必要はありません。ベターになることに焦点をあててみてください。そして一番信頼すべき自分の体の声を聞いてください。何があなたに笑顔をもたらすか、それがとても大切です。

原始的な美は必ずあなたに潜在しています。それを引き出すのはあなた次第です。

STAFF CREDIT

撮影	矢野宗利
レシピスタイリング	伊藤みき(tricko)
デザイン	chocolate.
撮影協力	UTSUWA
衣装協力	lululemon athletica japan ナイキジャパン
出版協力	潮凪洋介
協力	Chikara CrossFit

〈参考文献・サイト〉

◆『The Paleo Solution』Robb Wolf 2010 Victory Belt Publishing

◆『The Paleo Diet for Athletes』Loren Cordain, Joe Friel 2005 Rodale Books

◆『It Starts With Food』Dallas Hartwig & Melissa Hartwig 2012 Victory Belt Publishing

◆『原始人食が病気を治す』崎谷 博征 2013年 マキノ出版

◆PrecisionNutrition.com

◆Long-Term History of Human Diet. Glynn Ll. Isaac and Jeanne M. Sept www.ltspeed.com/bjblinder/book/secure/chapter4.pdf

◆Staffan Lindeberg(2005)Palaeolithic diet("stone age" diet), Scandinavian Journal of Nutrition, 49:2, 75-77, DOI: 10.1080/11026480510032043

◆Loren Cordain, et al. Origins and evolution of the Western diet:health implications for the 21st century, The American Journal of Clinical Nutrition, Volume 81, Issue 2, 1 February 2005, Pages 341-354, https://doi.org/10.1093/ajcn.81.2.341

※その他参考文献は著者サイト(www.naokumagai.com/paleosnackdiet/ref)をご覧ください。

AUTHOR PROFILE

パレオダイエット研究家

熊谷ナオ（NAO KUMAGAI）

Chikara CrossFit東京赤坂ジム所属、クロスフィットL2トレーナー。Reebok CrossFit Games The Regionalsに過去3回出場し、2012年のチーム部門では銅メダルを獲得。大手外資系企業を経て2009年よりカナダに移住するも心身の不調で帰国。2011年にクロスフィットとパレオダイエットに出会い、本来の健康を取り戻す。パレオダイエットの理論や料理研究を通してパレオライフを実践。食べても太らない体質、風邪を引かない免疫力、意欲的な毎日、アンチエイジング効果などを得る。現在各種メディア出演や雑誌、書籍の執筆と監修、講座やイベントなどで活動中。著書に『パレオダイエットレシピ 健康とキレイを作る原始の食事』（マガジンランド）がある。1979年神奈川県横浜生まれ。

公式HP www.naokumagai.com
Instagram www.instagram.com/nao.kumagai
Facebook www.facebook.com/naokumagai.jp

腸《ちょう》をキレイにする「新《しん》・おやつ習慣《しゅうかん》」
パレオスナックダイエット

2019年3月5日　初版発行

著者　熊谷ナオ
発行者　小林圭太
発行所　株式会社CCCメディアハウス
〒141-8205 東京都品川区上大崎3丁目1番1号
電話　販売　03-5436-5721
編集　03-5436-5735
http://books.cccmh.co.jp

印刷・製本　株式会社新藤慶昌堂

ISBN978-4-484-19203-1